语文课本里
的科学素养

主编　陈诚

从太空看长城

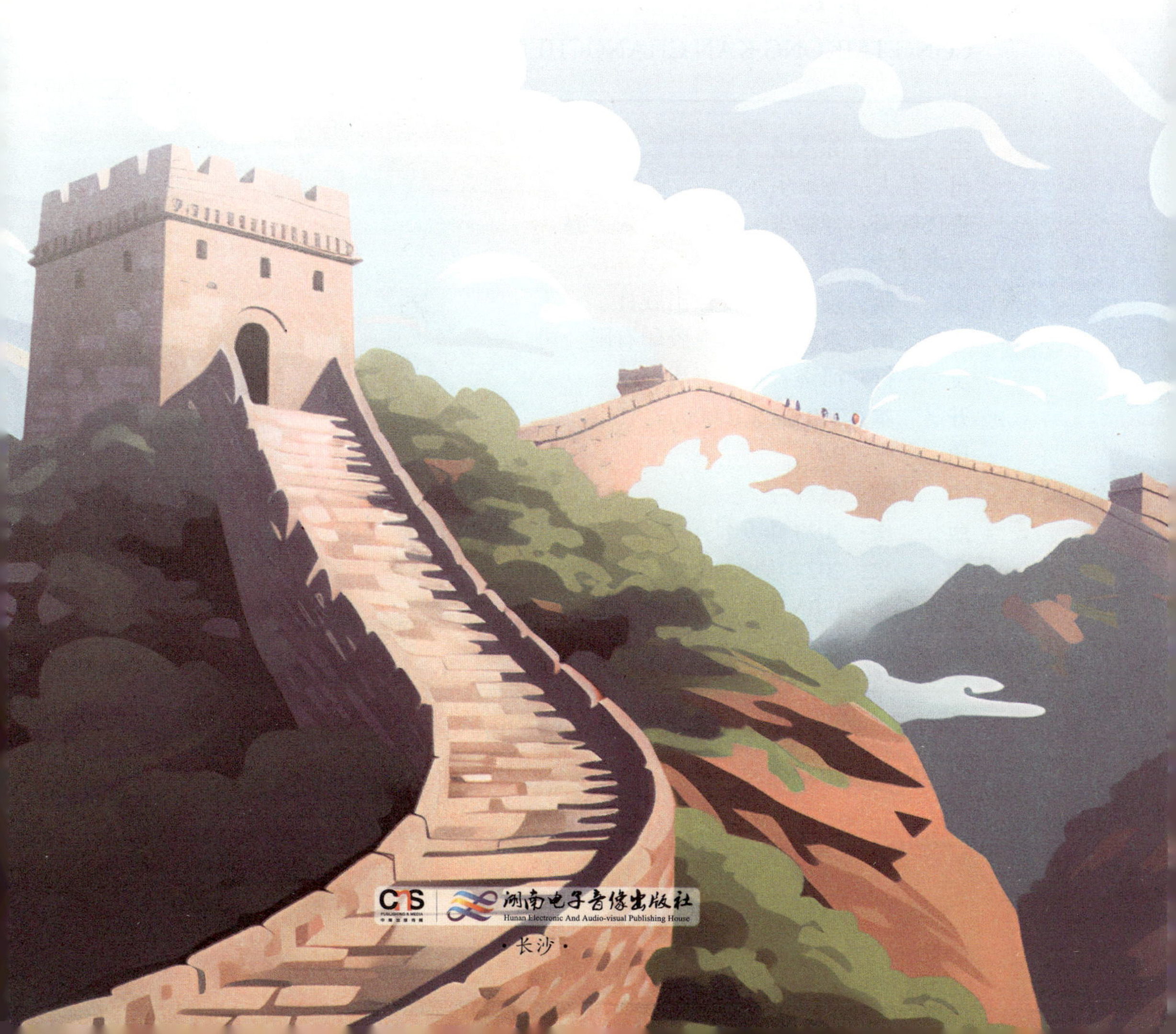

湖南电子音像出版社
Hunan Electronic And Audio-visual Publishing House

·长沙·

图书在版编目（CIP）数据

从太空看长城 / 陈诚主编 . -- 长沙：湖南电子音像出版社，2023.9（2024.5 重印）
（语文课本里的科学素养）
ISBN 978-7-83004-495-4

Ⅰ . ①从⋯ Ⅱ . ①陈⋯ Ⅲ . ①阅读课—中学—教学参考资料 Ⅳ . ① G634.333

中国国家版本馆 CIP 数据核字 (2023) 第 171370 号

从太空看长城

CONG TAIKONG KAN CHANGCHENG

主　　编：陈　诚
出 版 人：黄永华
责任编辑：刘德华　傅　蓉　朱　懿
美术设计：唐　茜
出　　版：湖南电子音像出版社
印　　刷：永清县晔盛亚胶印有限公司
发　　行：河南省新华书店
开　　本：710mm×1000mm　1/16
印　　张：8
字　　数：68 千字
版　　次：2023 年 9 月第 1 版
印　　次：2024 年 5 月第 2 次印刷
书　　号：ISBN 978-7-83004-495-4
定　　价：28.00 元

如有印装质量问题，请与生产服务中心调换。
联系电话：0731-82228602

声明： 在本书编写过程中，个别选文和插图未能联系到作者，敬请原作者看到本书后及时和我们联系，以便我们按国家规定支付稿酬并赠送样书。
联系人：陈老师 18670089796

大语文，新科普

　　"大语文"是以语文为核心，以文学和历史为主线的文史、文化、社会常识等跨学科整合的概念，即除了将目光聚焦在古典诗词和世界名著等人文读物之上，还要向生活的各个领域开拓、延展，把传授语文知识同发展语文能力、发展智力素质和非智力素质有机结合起来，使学生接受全面的、系统的培养，而科学素养的培育正好是语文教育中重要的一环。

　　语文课本选入诸如《动物笑谈》《邓稼先》《太空一日》等蕴含着丰富科学知识的科普文章，足以说明语文教育对科学素养培养的重视。此外，语文课本中还蕴含着大量与科学有关的内容，包含动植物、天文地理、宇宙空间等，内容丰富，形式多样，渗透了科学精神、科学态度、科学思维、科学方法等科学要素。《语文课本里的科学素养》（初中版）结合"大语文"的理念，将枯燥乏味的科学知识理论，通过图文并茂、生动有趣的科普读物呈现给读者，为理解科学知识、提升科学素养助力。

在呈现形式上，本书依据现行语文课本的篇目顺序链接科学知识，所涉及知识点均来源于语文课本，以与生活场景息息相关的问题导入，循序渐进、图文并茂、深入浅出地讲解科学知识，旨在使读者加深对课文的理解，发现语文课本中隐藏的科学秘密，丰富对世界的认知。

在栏目设计上，本书课文之后的"课本联通"栏目意在引导读者发现课内语文阅读中的科学因子，帮助读者充分利用课内阅读的"启蒙"契机，在刚刚萌生对探知科学奥秘的好奇心时，将课内阅读延伸至课外，实现课内外阅读的无缝衔接，使科普阅读顺势而行；"灵光乍现"栏目意在培养读者收集、整理信息能力的同时，继续延伸出与本课内容相关的新问题，使读者源源不断地发现问题、提出问题、探究问题，以科学的态度面对学习和生活。

愿这套书能帮助读者培养好奇心和探究欲，提高积极思考和自主探究、解决问题的能力，在"大语文，新科普"跨学科阅读的背景下，为科学素养与人文精神的培育打下良好的基础。

编者

目录

1 从太空看长城

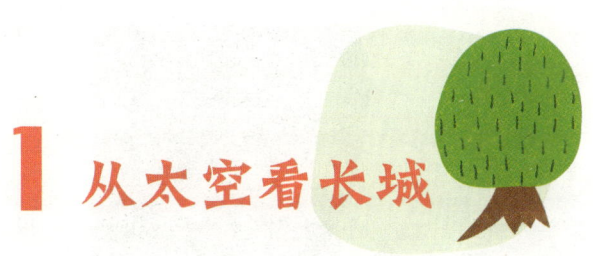

长城是我国古代人民智慧的结晶，无数人对长城称奇，对长城称赞，甚至把长城评为世界十大奇迹之一。毛主席更是写出了"不到长城非好汉"这样的千古名句，可见长城在人们心中的重要地位。在太空中能看到长城——这句话是1972年登上月球的美国宇航员吉恩·塞尔南说的。中国的杨利伟却与美国的吉恩·塞尔南就在太空能否看见长城得出不同结论。那么人在太空中究竟能不能看到长城呢？让我们一起来探索吧。

欧洲航天局一次不算太寻常的"认错"，让人们重新开始对"太空中能不能看到长城"这一话题产生了兴趣。

2004年5月19日，欧洲航天局承认他们于5月11日发表的一张从太空中拍摄到的"长城"卫星照，其实只是一条流向北京东北地区密云水库的河流。更正的主要动因是一些学者，包括来自复旦大学的地理学教授满志敏的质疑。

欧洲航天局在官方网站上表示，出现这样的错误，是因为他

欧洲航天局公布的"长城太空照片"

们在向公众公布这张照片之前没有进行合理的调查。

实际上，这张照片和欧洲航天局的"认错"，对于"太空中能不能看到长城"这个问题都毫无意义，因为卫星负载的光学仪器拍摄长城和人眼看长城完全是两码事。据满志敏介绍，用卫星看到长城并不是新鲜事，比如美国的 QuickBird 商用卫星负载的光学仪器，其分辨率在 1 米以下，曾经在 450 千米高空拍摄长城照片，连城垛和烽火台都清晰可见。

🌏 为什么看不到长城？

与杨利伟不假思索地回答"没有看到长城"相比，美国航天员吉恩·赛尔南在新加坡的声明同样坚决：他可以在离地球 160～320 千米高度用肉眼看见长城。

从科学角度上说，100 个甚至 10 000 个人没有看见长城，也不能证明其他人真的不能看见长城；而只要有 1 个以上的人真正看到了长城，就可以证明人可以看到长城（一个科学的结论必须可以在实验中再现，但不必每一次都再现）。可惜的是，航天员本来就是小众，他们上天的任务又不是为了看长城，导致了这个"实验"很少被重复，对这个问题感兴趣的人也只好纸上谈兵。

从理论推测而得出"太空中看不到长城"的代表人物是中国科技馆馆长王渝生。他的依据是：人眼分辨率的张角（眼睛的分辨率指眼睛能够分辨两个相邻的点或线的能力，通常以刚能被分开的两点或两线与眼睛瞳孔中心所成的张角来表示）是6分，即0.1°，也就是圆周的1/3 600。航天器通常的飞行高度是300～400千米，假设在较近的300千米高度，并以此为半径画一个圆，周长约1 800千米。那么，肉眼在300千米高空能够看到的圆周应为1 800 000×1/3 600米＝500米，也就是说，只有长宽都能达到500米的物体才能在人眼中表现为一个点，从而被人看见。

而长城的宽度仅在10米左右，照此方法推断，仅靠肉眼，在20千米的高度就很难将它分辨出来；在36千米的高度，长城就会从我们的视线内消失。

看不清不等于看不见

但问题并没有那么简单。

按照王渝生"看不见长城"的理论，在较近的 300 千米高度，只有长宽都能达到 500 米的物体才能在人眼中表现为一个点，从而被人看见。根据几何中相似三角形的原理类推，王渝生的"理论"意味着，在 3 米高度，只有长宽都能达到 5 毫米的物体才能在人眼中表现为一个点，从而被人看见。进一步类推，也就是说，高个子的人低下头，几乎看不见地面的米粒，显然这个理论和生活实践相去太远。

其实，所谓"分辨率"，简单地说也就是平时人们熟悉的"视力"。每个人的视力是不同的，人们看不清视力表上超出自己视力的那几行小字母的方向，也就是无法分辨那几行小字母内两个相邻近的点或线，但确实可以看到小字母模糊的影子，也可以看见视力表周围方框的细线。

所以，看不清不等于看不见。在王渝生前面一段话的基础上正确的推论应该是，航天器的飞行高度假设在 300 千米，地面上只有间隔达到 500 米的两个物体才能在人眼中分开，而长城的宽度仅在 10 米左右，所以人眼不可能分清长城的两道墙垛，但这不等于"看不见长城"。

从太空看地球

🍃 亮度更重要

有一本公开的军事科学专著——《战场武器系统与技术》，由中国军事科学出版社出版，原主编是英国皇家军事科技学院的军事研究部部长杰弗里·李，所有作者均为该学院各学科专家、教授。

这本专著相关部分理论指出，能否看到物体与光线夹角无关，仅仅与光量有关。所以只要一个物体发出足够亮度的光，就可以被看见。

年岁大一点的人可能还记得 1970 年全国人民观看中国第一颗卫星从头顶飞过的故事：那一颗卫星轨道近地点高度 439 千米，但它只有约一米直径，距离"500 米大小的物体"很远很远，但当时很多人在地面上的确看到了卫星。这是因为，它和周围夜空相比，亮度突出。

实践也可以证明上述理论。直到现在，用小于手掌的镜子反射阳光仍是召唤空中飞机的有效工具之一。抗战时大批汉奸就是用小镜子反射阳光给日本战机上的飞行员指示目标，轰炸用德国先进武器装备起来的国民党军队，使

夜间的长城

国民党军队本来性能优于日本的德制、美制武器装备大量被炸毁在地面。今天，小镜子仍是飞行员跳伞、船员弃船后召唤空中飞机救生的简易联络工具之一。

夜间，在客机上我们可以看到十几千米甚至几十千米外的一盏孤灯，还可以轻易地发现遥远的无数颗星星。小镜子、孤灯和星星在人眼中所成的视角远小于 0.01 度，远小于前文所述人眼分辨率的张角极限，即 0.1 度，小到我们甚至可以把它们看作点。显然，看到小镜子、孤灯和星星并不是因为它们的张角达到了人眼的分辨要求，而是因为它们有足够亮度，并与周围的背景形成了一定的反差。

🍃 线状物更显眼

大约从第一次世界大战开始，军事教科书就强调这样一个事

长城

实：肉眼观察一个点和一条线的极限距离是截然不同的。所以在很多年前，发达国家军队就逐步开始采用不同的色块，分割细长的武器装备，特别是长度超过百米的战舰，以免被对手远距离发现，发展到今天这就是各国军队普遍采用的"迷彩"。

每个人都可以亲自做一个简单的小试验，剪下一长段黑色头发，拿在手里完全竖过来看它的断面，这时多数人都无法看到它，说明暗的点状目标不易被发现。但当你把手中的头发横过来，这时你就能看到头发。如果把一根黑头发横粘在2米外的白墙上，多数人都可以看到它，有人甚至可以勉强看到横粘在4米外的白墙上的头发，和粘在6米外窗户玻璃上，以蓝天为背景的头发。

晴朗的夏日中午，如果运气好，同时你或同伴视力正常，可以看到200～500米外屋顶上或田野上空悬挂的细细的电线，这远远超越有关张角小于0.1度的物体人眼看不见的理论。同时我们却看不见同等距离上的一只大得多的麻雀，证明人眼对线条的观察距离确实比点状物大得多。

人头发的粗细在0.05～0.08毫米之间，以上述2米外看到头发的试验结果从理论上推算，正常人眼至少在200米距离可以看到5～8毫米的细线，在200千米距离可以看到5～8米宽度的线状物。而长城正是线状目标。

太空看长城依然难

当然，地面对地面观察的结果不能简单地作为天、地之间观察的依据，天和地之间还隔着大气层。大气湍流使天、地间观察时目标发生轻微抖动。另外，飞船对地观察时的对比度及观察结果还受很多气候和环境条件影响。例如空气污染、沙尘暴和雨、雪、云、雾都严重妨碍观察。太阳角度以及植被季节亮度变化也同样严重影响对比度及观察结果。

不同的人观察目标的能力也有巨大差异。例如部分乡村小孩发现远处小鸟的能力比城市小孩强得多；一些飞行员长期在空中和机场上远距离观察，结果变成视力超常的"远视眼"，远距离观察能力非常人可比。

从这些因素来看，美国航天员吉恩·赛尔南在160千米高度看到长城，以及杨利伟没有看到长城都是可能的，都很正常。

吉恩·赛尔南上太空是很多年前的事，那时空气污染还不严重，能见度良好；或许他眼睛视力很好，没有被长期的航天员学习伤了视力；又或许没有遇到沙尘暴和雨、雪、云、雾；另外飞船位置、太阳角度以及植被季节亮度也许恰好适合观察长城；同时吉恩·赛尔南160千米的最低轨道高度比杨利伟的343千米低了许多，自然观察地面也更清晰。而杨利伟上太空是在秋季，

长城

阳光暗淡，地面对比度不好，在高轨道飞船上看不到长城完全属于正常。

（本文原载于《中国新闻周刊》，作者刘晓军，有改动）

课本联通

沁园春·雪

毛泽东

北国风光，
千里冰封，
万里雪飘。
望长城内外，
惟余莽莽；
大河上下，
顿失滔滔。
……

义务教育教科书语文九年级节选

灵光乍现

爱科学的你，有没有一个航行宇宙的梦？如果你是航天员，你最想去哪里？为什么呢？

假如你能够航行宇宙，你最想带什么上去呢？为什么呢？

2 鸟儿羽毛的奥秘

鸟儿在天空中飞翔是日常生活中的常见现象，而且通常认为鸟儿就应该飞翔在蓝天之中。那么为什么鸟儿能飞翔在天空之中？为什么人不能飞到天空之中？答案是很明显的，因为鸟儿有翅膀。但是鸟儿的翅膀为什么会具有这么强大的能力呢？这还得从羽毛说起。

羽毛是什么？

羽毛是鸟类皮肤上生长出来的一种特殊的角质结构，是区别鸟类和其他动物的最重要的特征。羽毛由羽轴和羽片组成，羽轴两侧生长着大量的细长羽枝，这些羽枝上分布着一系列的小羽片，这些小羽片在飞行过程中扮演着重要的角色。

羽毛

🦋 羽毛有哪些种类?

鸟类身上有不同种类和功能的羽毛，主要分为两大类：飞羽和正羽。飞羽是帮助鸟类飞行的羽毛，生长在翼区后缘和尾部，它牢固地"锚定"在骨骼后缘，在振翅时整体挥动，拍击空气。飞羽又分为初级飞羽、次级飞羽、三级飞羽和尾羽，它们各有不同的作用。

鸟儿

初级飞羽是最大的飞羽，推动鸟儿在空中飞行，多数雀形目鸟有 9 ～ 10 根，非雀形目鸟为 10 根。次级飞羽长在初级飞羽内侧，对鸟儿上升起推动的作用。通常为 10 ～ 20 根，但鸟种之间有较大差异。三级飞羽长在次级飞羽的内侧，协助次级飞羽推动鸟儿上升。尾羽通常是 10 ～ 12 根，但野鸡的尾羽多达 24 根，它们帮助鸟儿在飞行中掌握方向和控制平衡。

正羽是覆盖在鸟类身体表面的一层细小柔软的羽毛，它能让鸟类形成独特的形状，还起保温、防水、伪装和装饰等作用。正羽又分为复羽、绒毛、粉绒羽和纤羽等。复羽覆盖在大飞羽的毛管根部，从空气动力学上让

森林中的鸟儿

鸟飞行得更平稳。绒毛长在最里面，是鸟类另一层保暖层。粉绒羽多长在苍鹭、鸽子等的身上，这种羽毛在其顶端会分解出一种像滑石粉一样的粉末。

鸽子

🍃 羽毛如何帮助鸟类飞行？

羽毛提供升力。当鸟儿扇动翅膀时，它们改变了气流方向和速度，在翅膀下方产生了高压，在翅膀上方产生了低压。这样就形成了一个向

振翅飞翔的鸟儿

上的力，称为升力。升力可以克服重力，让鸟儿在空中停留或上升。为了增加升力，鸟儿会调整翅膀和尾巴上不同部位和角度的飞羽，使其形成一个弯曲的表面，类似于飞机的机翼。飞羽上的小羽片也会紧密地相互钩合，形成一个连续的平面，防止空气从中透过。

羽毛提供推力。当鸟儿扇动翅膀时，它们也会在空气中产生

一个向后的力，称为推力。推力可以克服空气阻力，让鸟儿在空中前进或加速。为了增加推力，鸟儿会调整翅膀的振幅和频

滑翔的鸟儿

率，使其在下降时产生更大的冲击力，在上升时减少阻碍。飞羽上的小羽片也会根据需要自动打开或关闭，使其在下降时增加空气接触面积，在上升时减少空气接触面积。

羽毛提供控制。当鸟儿在空中飞行时，它们需要根据不同的情况调整自己的方向、高度、速度和姿态。为了实现这些控制，鸟儿会利用翅膀和尾巴上的飞羽进行微妙的变化，使其产生不同的空气动力效果。例如，当鸟儿要转弯时，它们会让一侧的翅膀比另一侧更高或更低，使其产生不对称的升力和推力；当鸟儿要降落时，它们会让翅膀和尾巴呈扇形张开，使其产生更大的阻力和下压力；当鸟儿要滑翔时，它们会让翅膀呈平行状态，并稍微向后倾斜，使其产生最小的阻力和最大的升力。

通过以上的介绍，我们可以看到，鸟类的羽毛是一种非常精密和复杂的结构，它不仅能够保护鸟类的身体，还能够帮助鸟类实现飞行这一奇迹。鸟类的羽毛是大自然赋予它们的一份珍贵礼物，也是我们人类应该学习和尊重的一份奥秘。

（本文原载于百度百家号，作者小王子讲知识）

我爱这土地

艾 青

假如我是一只鸟，
我也应该用嘶哑的喉咙歌唱：
这被暴风雨所打击着的土地，
这永远汹涌着我们的悲愤的河流，
这无止息地吹刮着的激怒的风，
和那来自林间的无比温柔的黎明……
——然后我死了，
连羽毛也腐烂在土地里面。

为什么我的眼里常含泪水？
因为我对这土地爱得深沉……

1938 年 11 月 17 日

义务教育教科书语文九年级节选

 灵光乍现

很多常见的日常现象中就蕴含着神奇的科学原理。你曾对什么现象产生过疑问呢？你是如何找到答案的？

3 银色航道

说起世界上的海峡，大家最熟悉的莫过于马六甲海峡，但实际上通航量最高的是英吉利海峡和多佛尔海峡。英吉利海峡和多佛尔海峡曾为西欧、北欧各资本主义国家的经济发展作出过巨大贡献，因此又被人们称为"银色航道"。你知道它们是如何发挥作用的吗？

海峡是指两块陆地之间连通两个海或大洋的狭窄水道，多位于陆地或海岛之间，由海水对地峡的裂缝长期侵蚀或陆地凹处被海水淹没而形成，一般水位较深，水流湍急，经常出现涡流。海峡不仅是海上交通的要道、航运枢纽，而且历来是兵家必争之地，因此被称为海上交通的"咽喉"。

英吉利海峡位于英国与法国之间，是大西洋北部海域的一部分。海峡长约 560 千米，将英国与欧洲大陆分隔。自古以来，英吉利海峡就是连通西欧和北欧各国重要的海上通道，曾为西欧、北欧各资本主义国家的经济发展作出过巨大贡献，因此又被人们称为"银色航道"。

在大不列颠岛与欧洲大陆之间，沟通大西洋与北海的水道除了英吉利海峡，还有多佛尔海峡。这两条海峡，实际上

英吉利海峡

是一条，但历史上一直分为两个海峡，以法国塞纳河口到英国朴次茅斯为界，西南段为英吉利海峡，东北段为多佛尔海峡。多佛尔海峡总长约 600 千米，最宽处为 220 千米，最窄处从英国多佛尔到法国加来西边的灰鼻岬，宽度只有 33 千米。面积约 9 万平方千米。

大不列颠岛与欧洲大陆，原来是连在一起的。后来，受阿尔卑斯造山运动的影响，海峡附近发生褶皱和断裂，从此以后，海峡地区不断下沉，海水也就进入海峡，把大不列颠岛与欧洲大陆分开，成为现今的海峡。海峡底部主要是沙砾和岩石。海峡西南开口宽阔，呈喇叭形，从大西洋进来的潮水能量，能很快集中起来。强大的潮流造成高达 6 米的巨浪，形成了巨大的潮差。法国的圣马洛湾和松姆河口的潮差可达 12 米高。朗斯河口最大潮差高达 13.5 米，世界第一大潮汐电站朗斯电站就建在这里。强大的潮流和巨浪，拍击和冲刷着岸壁，岩石崩落，海岸后退。

海峡受北大西洋暖流和西风的影响，气候冬暖夏凉，终年湿润多雨和雾，晴朗天气很少。这里的法国沿岸，每年约有 200 多

天是阴雨天，雨量为 800 多毫米；英国沿岸因受山地阻挡，每年也有 150 多天下雨。由于北方冷空气与温暖洋面相会，终年多雾，雾季达 6 个月以上。

这里海峡资源丰富，盛产鲱鱼、青鱼、比目鱼。矿藏有石油、天然气。海洋潮汐能约 8000 万千瓦，约占世界总潮能的 5%。1966 年建成的法国朗斯潮汐电站，年发电量达 5.44 亿度，是目前世界上最大的潮汐电站。

英吉利海峡海滩

英吉利海峡和多佛尔海峡两岸港口密布，工业发达。英国的朴次茅斯、南安普敦、多佛尔，法国的瑟堡、勒阿弗尔、加来和敦刻尔克等，都是著名的港口和工业城市。它们也是国际航运最繁忙的水道，每年通过海峡的船只达 12 万艘次，居世界各海峡之首。长期以来，英国和欧洲大陆之间的来往，主要靠海峡两岸的轮渡，航运纵横交错，十分拥挤不便。早在 1802 年，法国工程师马悌厄曾向拿破仑建议，在多佛尔海峡开凿海底隧道。在此之后，也有不少人旧事重提，但始终未能实现。

1973 年，英国加入欧洲共同体以后，轮渡人员每年多达 500 多万，车辆超过 100 万辆。1973 年 7 月，英法两国达成协议，共同开凿多佛尔海峡的海底隧道。这条欧洲海底隧道于 1991 年 6 月 28 日全面开通，工程耗资 170 亿美元。隧道全长 53 千米，由一条中央服务隧道和南北两条铁路隧道组成。西起英格兰的莎士比亚山崖，经过海底 62 米深处，一直延伸到法国的桑加特。隧道投入运营后，大大缩短了由英国到欧洲大陆的时间，每十几分钟就有一列高速火车往返，乘车只需 35 分钟就可穿越海峡。

（本文原载于中国科学院网，有改动）

课本联通

乡 愁

余光中

后来啊
乡愁是一方矮矮的坟墓
我在外头
母亲在里头

而现在
乡愁是一湾浅浅的海峡
我在这头
大陆在那头

1972 年 1 月 21 日

义务教育教科书语文九年级节选

灵光乍现

随着海峡的诞生，常常会有岛屿的身影。你最喜欢哪个岛屿？你知道它是如何形成的吗？

4 四通八达的交通网

我国国土辽阔，自然资源丰富。在各地区自然资源开发过程中，首先遇到的一个突出问题是交通问题。运输紧张，不适应经济发展的需要，就会成为国土开发的限制因素。所以，交通运输建设也是国土整治的重要内容。下面我们一起来看看从古至今中国交通有哪几次大发展。

现在，人们好像都忙着出门，时刻关心今天哪条路好走，哪条路太堵不好走。

是呀，生活一天天好起来了，谁还会整天窝在家里不出门？都想出去好好玩一下。这样一来，交通就拥堵起来了。

为了适应人民生活和生产建设的需要，中国的交通正在飞速发展着。

掰着手指数一下，古往今来的中国交通有好几次大发展。

第一次大发展，和秦始皇有关系。他统一天下后，还时刻提防六国的残余势力造反，立刻修建了一条条50步宽的驰道，从首都咸阳通往全国各个主要城市。一旦发生了情况，就可以迅速派出军队赶赴现场，形成了 2 000 多年前的"公路网"。

第二次大发展，是汉武帝推动的。秦始皇的驰道只能通到当年六国的都城，没法到达边疆。汉武帝一声令下，开辟了"北方丝绸之路"，发展和西域各国的交通。接着，他又把目光转到万山起伏的西南山区。在巴蜀、夜郎等地原有道路的基础上，修理栈道，凿通山路，发展成一个穿行在云雾中的山区道路网，也就是直通今天的缅甸、印度的"南方丝绸之路"。

同时，从沿海一些港口出发，"海上丝绸之路"也开通了，跨过茫茫大洋，和西亚、东非建立起了一条条水上交通线。

第三次大发展，是隋炀帝开通大运河。古时候陆路运输比不上水路运输，有了这条水上大动脉，就可以沟通南北，运送生活必需的粮食、盐、丝绸、棉布。

第四次大发展，是清朝末年和民国时期，造轮船、修铁路，开始发展现代交通，比从前大大跨进了一步。

中华人民共和国成立后，开始了第五次交通大发展，这才真正实现了交通运输现代化。翻开地图看，铁路南北、东西纵横交错，好像一个大棋盘。

在这个大棋盘上，有好几条南北

铁路

贯通的纵线、东西连接的横线，它们共同构成了中国铁路网的基本骨架。

请问，哪几条铁路是南北向的铁路干线？

第一条，从北京经过武汉到广州的京广线。

第二条，从北京经过九江到香港九龙的京九线。

第三条，从北京经过天津、南京到上海的京沪线。

第四条，从哈尔滨到大连的哈大线。

第五条，从集宁到二连浩特的集二线，从集宁到大同的集大线，从大同到太原的北同蒲线，从太原到河南焦作的太焦线，从焦作到湖北枝城的焦枝线，从枝城到柳州的枝柳线，再从黎塘到湛江的黎湛线。

第六条，从包头经过延安、西安到安康，再连接襄渝线到重庆，又从重庆经过川黔线、黔桂线，直达柳州。

第七条，从银川经过中卫到宝鸡，连接宝成线到成都，再从成都经成昆线到昆明，经南昆线到南宁，也能从成都经内江到昆明，还能从昆明直达越南的河口。

第八条，从兰州到西宁的兰青线，连接西宁到拉萨的青藏线。

东西向的干线也有好几条。

第一条，从满洲里到哈尔滨的滨洲线，连接哈尔滨到绥芬河的滨绥线。

青藏铁路

第二条，从四平到通辽的四通线，连接通辽到集宁的集通线。

第三条，从北京到包头的京包线，连接包头到兰州的包兰线。

第四条，从陕西神木经过山西原平，直达秦皇岛的煤炭运输专线。

第五条，从太原到石家庄的石太线，连接石家庄到德州的德石线，再从济南经过胶济线到青岛。

第六条，从连云港到兰州的陇海线，连接兰州到乌鲁木齐的兰新线，向西延伸到阿拉山口出境，也能在乌鲁木齐附近拐一个弯，到帕米尔高原下的喀什。

第七条，从上海经过南京、蚌埠、阜阳、漯河到洛阳。

第八条，从上海到杭州的沪杭线，连接浙赣线、湘黔线、贵昆线到昆明。

第九条，从福州经过梅州、深圳、广州到湛江和南宁。

除了这些纵横贯通的干线，还有许多支线，组成了密如蛛网的铁路网。

和铁路网一起的，还有一张更加密集的公路网，好像微血管似的，通往村村寨寨，把祖国的每个角落都连接起来。

1988 年 10 月底，上海到嘉定的高速公路通车。接着，沈大路、广佛路，也接着修通，实现了中国高速公

高速公路

路零的突破。到 2001 年年底，全国高速公路已经开通 19 000 千米，跃居世界第二。截至 2013 年年底，我国高速公路通车总里程达到 10.4 万千米，已超过美国，跃居世界第一。

高速公路建设迅猛发展，也推动着从前担负着主要陆上运输任务的铁路进行改革：进一步普及电气化，加速铺设铁轨，提高速度。"铁老大"换了一副新面孔。

中国自古以来就十分注重发展内河航运，依靠长江和大运河构筑了一个"水十字"。

大运河是南方茶、米、盐、布等物资运往北方的生命线。

号称"黄金水道"的长江担负起最重要的水上运输任务，现代化的轮船沿着古时木帆船的航道，可以从长江口一直开进上游金沙江峡谷，长江的许多支流也能通航，形成了一张闪烁着波光的水上运输网。

在中国的江河水系中，可以通航的河流还有许多。南方的珠江、北方的黑龙江就是最好的例子。至于可以通行木船、竹筏的大河小河，就更加数不清了。

噢，还有航海和航空呢。中国沿海海运自古就很发达，国内航空干线和支线在广阔的蓝天交织成网，覆盖了全国的每个角

落。随着对外交往的发展，飞机和海轮还可以通往广阔世界的任何地方。

现代中国，有一张巨大的水陆空交通网。秦始皇时代铁甲骑兵千里奔腾的驰道，汉武帝时期骡马叮当响的山间五尺道，能够相比吗？

（本文原载于《北京晚报》，作者倪方六，有改动）

庆祝中国共产党成立100周年大会
共青团员和少先队员代表集体致献词（节选）

南海潮涌，东方风来，春天的故事在希望的田野上铺展
故事里，有开放的特区敢为人先
故事里，有回归的港澳游子团圆
故事里，青藏铁路连接团结进步的桥梁
故事里，奥运火炬点燃自信自强的烈焰
团结起来，振兴中华！

义务教育教科书语文九年级节选

我国主要铁路干线被称为"五纵三横"，你知道具体都是哪些线路吗？

5 万园之园——圆明园

　　圆明园由圆明园及其附园长春园和绮春园组成，也叫"圆明三园"，是清朝著名的皇家园林之一，有"万园之园"之称。圆明园不仅汇集了江南若干名园胜景，还"移植"了西方园林建筑，集当时古今中外造园艺术之大成。

　　圆明园遗址在北京西北郊。一般所说的圆明园，还包括它的两个附园长春园和绮春园（万春园）在内，因此又称"圆明三园"。圆明园是清代北京西北郊五座离宫别苑，即"三山五园"（香山静宜园、玉泉山静明园、万寿山清漪园、圆明园、畅春园）中规模最大的一座，面积有 347 公顷。咸丰十年（1860），英法联军侵入北京，先是劫掠，继而放火烧毁了这座旷世名园，只留下残壁断垣，衰草荒烟。

　　圆明园始建

圆明园大水法

于清康熙四十八年（1709），是在康熙皇帝赐给皇四子胤禛的一座明代私园的旧址上建成的。胤禛登位为雍正皇帝后，扩建为皇帝长期居住的离宫。乾隆时期再度扩

长春园

建，乾隆九年（1744）竣工。以后，又在园的东侧辟建长春园，在园的东南辟建绮春园，作为附园。乾隆三十七年全部完成，构成三位一体的园群。

乾隆皇帝六次到江南游览名园胜景，凡是他所中意的景致都命画师摹绘下来作为建园的参考。因此，圆明园得以在继承北方园林传统的基础上广泛地汲取江南园林的精华，成为一座具有极高艺术水平的大型人工山水园。

圆明园全部由人工起造。造园匠师运用中国古典园林掇山和理水的各种手法，创造出一个完整的山水地貌作为造景的骨架。圆明三园之景都以水为主题，因水而成趣。利用泉眼、泉流开凿的水体占全园面积的一半以上。大水面如福海宽600多米；中等水面如后湖宽200米左右；众多的小型水面宽40～50米，作为水景近观的小品。回环萦绕的河道又把这些大小水面串联为一个完整的河湖水系，构成全园的脉络和纽带，并供荡舟和交通之用。叠石而成的假山，聚土而成的岗阜，以及岛、屿、洲、堤分布于园内，约占全园面积的1/3。它们与水系相结合，构成了山重水复、层叠多变的百余处园林空间。这些人工创造的山水景观，

既是天然景色的缩影，又是烟水迷离的江南水乡风物的再现。

绮春园

圆明园内有类型多样的大量建筑物，虽然都呈院落的格局，但配置在那些山水地貌和树木花卉之中，就创造出一系列丰富多彩、格调各异的大小"景区"。这样的景区总共有150多处，主要的如"圆明园四十景""绮春园三十六景"，都由皇帝命名题署。园内的建筑物一部分具有特定的使用功能，如宫殿、住宅、庙宇、戏院、藏书楼、陈列馆、店肆、山村、水居、船埠等，但大多数的则是供游憩宴饮。除极少数的殿堂、庙宇之外，一般外观都很朴素雅致、少施彩绘，与园林的自然风貌十分协调，但室内的装饰、装修、陈设极为富丽，以适应帝王穷奢极侈的生活方式。

圆明园作为皇帝长期居住的地方，兼有"宫"和"苑"的双重功能。因此，在紧接园的正门建置了一个相对独立的宫廷区，包括帝后的寝宫、皇帝上朝的殿堂、大臣的朝房和政府各部门的值房，是北京皇城大内的缩影。

圆明园内的150多组建筑群都各具特色。有仿效江南山水名胜的，如福海沿岸模拟杭州西湖十景，"坐石临流"仿自绍兴兰亭；有取古人诗画意境的，如"武陵春色"取材于陶渊明的《桃花源记》；有表现神仙境界的，如"蓬岛瑶台"寓意神话中的东海三神山；有象征封建统治的，如九岛环列的后湖代表禹贡九州，体现"普天之下，莫非王土"；有利用异树、名花、奇石作为造景主题的，如"镂月开云"的牡丹、"天然图画"的修竹等。这些主题突出、景观多样的景区，大多数作成

福海

"园中之园"，它们之间均以筑山或植物配置作障隔，又以曲折的河流和道路相联系，很自然地引导游人从一景走向另一景。园中有园是中国古典园林中的一种独特布局形式，圆明园在这方面可算是典型佳例。

长春园北部有一个特殊的景区俗称"西洋楼"，是由当时以画师身份供职内廷的欧洲籍天主教传教士设计监造的一组欧式宫苑。六幢主要建筑物为巴洛克风格，但在细节装饰方面也运用许多中国建筑手法。三组大型喷泉、若干小喷泉和绿地、小品则采

西洋楼

取法国勒诺特尔式的园林布局。这是在中国宫廷里首次成片建造外国建筑和庭园。

圆明园被乾隆皇帝誉为"天宝地灵之区，帝王豫游之地，无以逾此"，它不仅在当时的中国是一座最出色的行宫别苑，并且还通过传教士的信函、报告的介绍而蜚声欧洲，对18世纪欧洲自然风景园的发展曾产生一定的影响。

（本文原载于中国科普博览网）

请你想象有一座言语无法形容的建筑，某种恍若月宫的建筑，这就是圆明园。请你用大理石，用玉石，用青铜，用瓷器建造一个梦，用雪松做它的屋架，给它上上下下缀满宝石，披上绸缎，这儿盖神殿，那儿建后宫，造城楼，里面放上神像，放上异兽，饰以琉璃，饰以珐琅，饰以黄金，施以脂粉；请同是诗人的建筑师建造《一千零一夜》的一千零一个梦，再添上一座座花园，一方方水池，一眼眼喷泉，加上成群的天鹅、朱鹭和孔雀。

义务教育教科书语文九年级节选

北方园林和南方园林有什么区别？

6 古代烧造陶瓷的窑炉类型

中华文化源远流长，中国陶瓷在古代就已经遥遥领先于世界了，因而中国被称为"瓷器的故乡""瓷器之国"。中国陶瓷之所以能一枝独秀，一方面是因为我国丰富的物质资源和祖辈们代代相传的制瓷技术，另一方面是因为我国拥有一套比较先进和完备的窑炉体系。窑炉是制瓷的主要场所。下面我们将一起看看我国古代窑炉的类型有哪些。

窑炉是烧造陶瓷器的场所，其作用是使陶瓷胎釉在一定温度和气焰条件下完成物理化学反应，烧结成器，并形成颜色。我国古代窑炉的类型很多，有横穴窑、竖穴窑、馒头窑、龙窑、阶级

横穴窑

窑、葫芦窑、蛋形窑等。

横穴窑，焙烧陶器的窑炉类型之一，流行于新石器时代。横穴窑是在生土层中掏挖修制而成，由火膛、火道、火眼、窑室等部分组成。火膛位于窑室的一侧，比窑室略低。烧窑时，火焰由火膛进入火道，然后经火眼进入窑室，上升流经坯件，最后烟从窑室顶部的排烟孔排出窑外。横穴窑升温较快，但不易控制烧成温度和烧成气氛，商周时期已基本不见。

竖穴窑，常见于各地新石器时代遗址。窑建在地下，火膛为小口广底的袋形坑，其上为窑室，窑室的出口开在地面。火膛与窑室之间有数条火道，火焰经火道直接升入窑室。竖穴窑比横穴窑有所进步，可将烧成温度提高一些，但也不易控制烧成温度和烧成气氛，燃烧利用率较低，逐渐被馒头窑取代。

竖穴窑

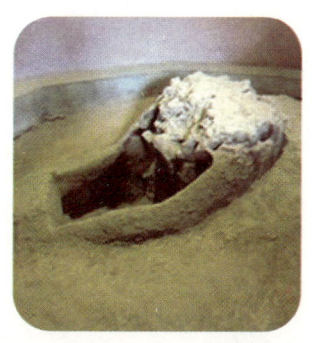

馒头窑，亦名"圆窑"，是古代焙烧陶瓷的主要窑型之一，常见于北方各地，最迟在商周时期就已出现具有馒头窑特点的窑炉。因火膛和窑室合为一个馒头形的空间，故称"馒头窑"。馒头窑由火膛、窑室、烟囱三大部分组成，火焰由火膛升向窑室的顶部，然后再倒向后半部分的窑床，经后面窑壁底部的排烟孔从烟

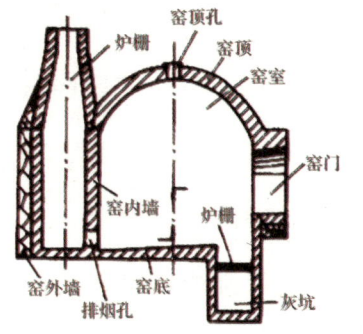
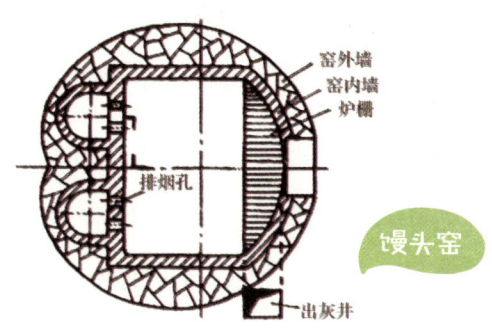

馒头窑

囱排出。馒头窑容易控制烧成温度，保温性好，适用于焙烧坯体较厚、高温下釉黏度较大的瓷器。北方著名的耀州窑、定窑、钧窑、磁州窑、临汝窑等均采用这种窑炉焙烧瓷器。

馒头窑

  龙窑，亦称"长窑"，是我国南方地区比较常见的窑炉类型，最早出现在商代。龙窑一般依山而建，形体狭长，当窑火点燃时，远望似一条俯冲的火龙，故称龙窑。龙窑按结构分为窑头、窑室、窑尾三段。窑头为火膛，用来点火；窑室放置待烧的器物；

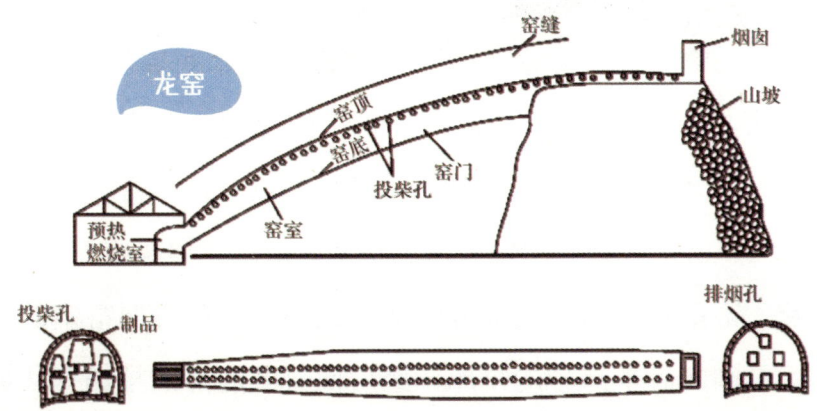

龙窑

窑尾为出烟口。窑的两侧筑有窑墙，墙中开窑门，用来装窑、出窑。窑的两侧各开有一排投柴孔，用来分段添加燃料。烧窑时，先在窑头点火烧窑，待第一排投柴孔下的坯体接近烧熟时，窑头停止烧火，改投柴孔投柴烧窑。由此逐渐往上烧，烧到窑尾结束。龙窑建造方便、装烧量大，升温降温迅速，易维持还原气氛，适宜烧造青瓷。

阶级窑，又名"阶梯窑"。窑建在坡度平缓的山坡上，由若干相对独立的窑串联成整体。从第二窑起，每个窑的水平面均高出前面的窑，形似层层台阶。火焰从窑口升向窑顶部，然后倒向窑室后半部错分窑床，再经后面窑壁底部排烟孔进入第二窑，对后面各窑起到了预热作用。从第二窑开始，燃料从投柴孔投入火膛。各窑由前至后依次焙烧，原理相同。阶级窑出现于明代，既有龙窑烧量大的长处，又有馒头窑易控制的优点，适合烧制白瓷等氧化钾含量高的瓷器。

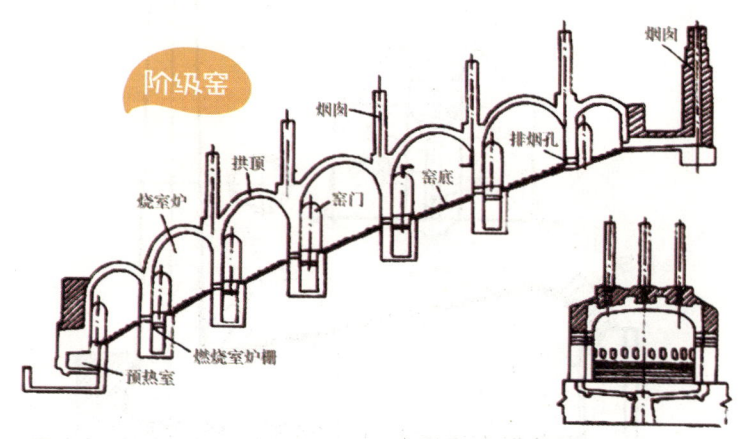

葫芦窑，由窑门、火膛、前室、后室、烟囱等部分组成。窑室比馒头窑长，前大后小，腰部内折，将窑室分为前后两室，窑

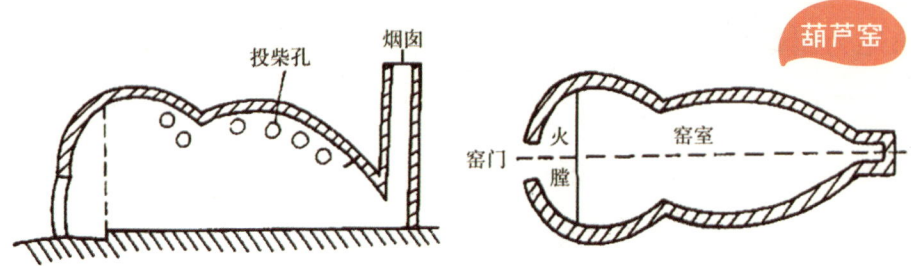

壁两侧各设一排投柴孔。葫芦窑是由龙窑发展而来的，适合于烧制氧化钾含量较高、釉黏度大的瓷器。至明末清初，后室比例缩小进而消失，逐渐发展成了蛋形窑。

蛋形窑，形似覆盖的半个蛋，故名。由火膛、窑室、烟囱三大部分组成。窑床前低后高，窑室前大后小，呈长椭圆形。蛋形窑结构合理，设计科学，造价低廉，装烧量大，适合多种坯釉的烧制，同时它以柴作燃料，烧成时间短，产品质量好，成为清代景德镇地区焙烧瓷器的主要窑型。

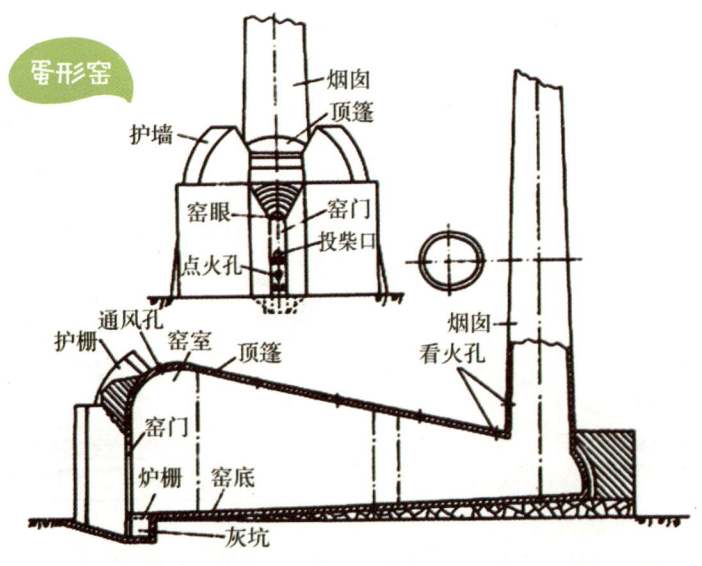

综上可知，中国传统陶瓷窑炉造型多种多样，而其营造技

艺直到今天仍具有不可否认的价值。制瓷技术作为中华优秀传统文化的重要组成部分，具有多重文化价值，尤其是在人文历史、科学艺术等方面表现十分突出。因此，通过对中国传统陶瓷窑炉及其营造技艺的生产性保护、活态化传承和科学合理的综合利用等，可以在当代社会的城镇化建设、乡村振兴、文化和旅游融合发展等方面发挥积极的推动作用。

（本文原载于华夏收藏网，有改动）

请你用大理石，用玉石，用青铜，用瓷器建造一个梦，用雪松做它的屋架，给它上上下下缀满宝石，披上绸缎，这儿盖神殿，那儿建后宫，造城楼，里面放上神像，放上异兽，饰以琉璃，饰以珐琅，饰以黄金，施以脂粉；请同是诗人的建筑师建造《一千零一夜》的一千零一个梦，再添上一座座花园，一方方水池，一眼眼喷泉，加上成群的天鹅、朱鹭和孔雀。

义务教育教科书语文九年级节选

唐三彩的"三彩"是哪三种颜色？

7 朱鹮的"重生"之路

汉代著名辞赋家扬雄曾写，"朱鸟翾翾，归其肆矣"；唐代诗人张籍还专门写过一首《朱鹭诗》，"翩翩兮朱鹭，来泛春塘栖绿树"，引人遐想。而这里的朱鸟、朱鹭都是一种鸟，它的学名叫作朱鹮。朱鹮以其稀少的数量和美丽的形态闻名于世，朱鹮家族也曾兴盛一时，但因为环境变化、生存资源缺乏以及人类的狩猎，一度面临灭绝的危险。有着"鸟类大熊猫"之称的朱鹮到底经历了什么？又是如何存活下来的呢？

🍃 羽毛如翾色如染

朱鹮古称朱鹭，是一种中等体型的涉禽，浑身白色，背和两翅及尾缀有粉红色，后枕有一条柳叶形羽冠，额到面颊部是鲜红色。平日里朱鹮栖息于溪流、沼泽、稻田等地，以鱼、蟹、蛙、螺等水生动物以及昆虫为食。它们是一夫一妻制，繁殖期的朱鹮会筑巢于高大的乔木之上，巢用树枝搭建。

据文献记载，朱鹮历史上属广布种，广泛分布于亚洲东部，北起西伯利亚的布拉戈维申斯克，南到中国的台湾，东至日本的岩手县，西抵中国的甘肃省。大陆境内，朱鹮广泛分布于东北、华北、华东、华南和中西部地区，共有 15 个省市曾有过朱鹮分布的记录。

朱鹮

早在古埃及时代，朱鹮就出现在金字塔的壁画中。在埃及神话中，朱鹮是正义的化身。历史上日本对朱鹮情有独钟，一度被当成国鸟，备受皇室的尊崇。朱鹮拉丁学名为"Nipponia Nippon"，译为"日本的日本"，足见日本对此鸟的喜爱和重视。

朱鹮是历经几千万年进化出来的物种，经历过沧海桑田，见证了地老天荒……大自然的种种磨难，都挡不住这一物种求生的渴望！然而，伟大的生命在工业文明的进程中，却渐渐地失去了昔日的顽强！

🍃 日渐消失的美丽身影

随着人类活动对朱鹮生境的迅速改变，朱鹮的数量自 19 世纪后逐渐减少，20 世纪中期以来，由于环境的破坏，加之食物资源短缺、捕猎、缺乏营巢树木以及湿地面积缩小等原因，朱鹮的数量急剧下降。1963年以后，俄罗斯一直没有朱鹮的记录；朝鲜半岛的最后一次记录是1979年在"三八线"非军事区见到1只。当时仅知日本有6只朱鹮存在。

中国是朱鹮的主要历史分布区，原有迁徙、留居两个类型。然而朱鹮因不能适应生态条件的迅速变化，分布的范围迅速缩小。即使最晚的朱鹮标本采集点——1964年6月甘肃康县岸门口，也变成了人口密集的城镇。据称1972—1975年在我国还采到过朱鹮的标本，但并无确实的根据。朱鹮濒临灭绝，距离地狱之门只有一步之遥！

对于朱鹮的保护势在必行，除了出于物种多样性的考量，还因为朱鹮独特的文化和生态价值以及其对生态环境的指示作用。此外，朱鹮还是旗舰物种，保护朱鹮就意味着保护朱鹮栖息区内的其他野生动物。

觅食的朱鹮

🍃 保护朱鹮

为了弥补人类的过错，保护朱鹮，"文革"浩劫之后，全国立即开启了寻找朱鹮的计划。1978—1981 年，中国科学院动物研究所对我国辽宁、安徽、江苏、浙江、山东、河北、河南、陕西、甘肃等九省有关地区进行了三年的调查。老一辈的科学家们历经千险，终于在 1981 年 6 月 23 日和 30 日，在秦岭洋县境内金家河及姚家沟的海拔 1200～1400 米处，发现了 2 对朱鹮成体和 3 只幼体。如此稀少的种群数量，它们能否继续存活，如何进行保护，成为摆在中国鸟类学家面前的一道难题。

为了保护世界上仅存的野生朱鹮，中国各级政府和研究管理部门先后采取了一系列保护拯救措施。首先进行了就地保护，即在朱鹮的自然栖息地内开展保护工作，拯救和恢复其野生种群。在朱鹮的保护进程中，保护野生种群及其栖息地尤为重要。自1981 年重新发现朱鹮野生种群后，我国便加大了就地保护措施，并取得了显著成效。2005 年经国务院批准成立陕西汉中朱鹮国家级自然保护区。就地保护的同时，异地保护（将濒危物种的部分个体转移到人工条件比较优越的地方，通过人工饲养繁殖的方式保存并建立一定规模的、健康的人工种群）也开始展

飞翔的朱鹮

开。1981 年 5 月，一只朱鹮雏鸟被送到北京动物园进行人工饲养，1989 年，世界上首次人工繁殖朱鹮在北京动物园获得成功。截至 2005 年 6 月底，中国人工饲养的朱鹮数量已达到 424 只。不仅如此，我们的经验和技术还被输出到日本。1998 年和 2000 年，我国先后将 3 只朱鹮赠送给日本。与此同时，中国专门派出技术人员，传授朱鹮的人工繁殖技术，在日本佐渡朱鹮中心建立起新的朱鹮人工种群。濒危的朱鹮在中日两国形成稳定的人工种群，已经成为世界濒危物种保护和国际合作的一个成功典范。

随着朱鹮人工种群的日益充足，让人工种群回归自然的时机已经成熟。2004 年 10 月，陕西省洋县华阳镇开展了饲养个体的野化放飞实验，共有 12 只人工饲养的朱鹮被释放到野外，对其中 5 只进行了无线电遥测跟踪。至 2005 年 6 月，除 3 只失踪外，其余 9 只都已适应野外环境，并与野生朱鹮种群合群生活。

经过多年的努力，朱鹮这一极危物种已经得以保存和壮大。根据调查结果，朱鹮野生种群数量已经由 1981 年的 7 只发展到现在的千余只，在陕西省，它的分布范围也从洋县华阳镇向周边多个县市扩展。在当地，朱鹮也已经从以前的难觅身影，到现在"见不到都困难"，这样的结果十分令人欣慰。

成群的朱鹮

人类文明发展的今天，需要我们去善待每一个物种。因为从某种程度上讲，生态文明的尺度就是由人类和动物之间的距离来衡量的！

（本文原载于中国科普网，有改动）

请你用大理石，用玉石，用青铜，用瓷器建造一个梦，用雪松做它的屋架，给它上上下下缀满宝石，披上绸缎，这儿盖神殿，那儿建后宫，造城楼，里面放上神像，放上异兽，饰以琉璃，饰以珐琅，饰以黄金，施以脂粉；请同是诗人的建筑师建造《一千零一夜》的一千零一个梦，再添上一座座花园，一方方水池，一眼眼喷泉，加上成群的天鹅、朱鹭和孔雀。

义务教育教科书语文九年级节选

我国濒临灭绝的珍稀动物有很多，你觉得在日常生活中我们能通过做什么来保护它们？

8 鱼的记忆只有 7 秒吗?

想必很多人都听过一个著名的流言,那就是:鱼的记忆只有 7 秒钟。在世界上的其他国家,鱼只有 7 秒钟记忆的说法也流传甚广,那么鱼的记忆力真的只有 7 秒吗? 下面跟着我们一起去了解事情的真相吧!

在网络上,有一段话流传很广:"早在很久以前,有人告诉我,鱼的记忆只有 7 秒, 7 秒之后它就不会记

自由自在的鱼

得曾经的事情了,所有的一切又都会变成崭新的开始。所以,在那一方小小的鱼缸里面,它永远不会觉得无聊。"假如单纯地把这段话当作戏谑之词来看并没有什么问题,不过,也有很多人把它当成了科学事实。在很多问答网站上,都有关于这段话是否科学的询问。

事实上，如果把"鱼的记忆只有7秒"当成一个科学的结论，就会产生很多疑问。记忆能力可以被精确到秒吗？如果鱼的平均记忆有7秒，那么一些比较笨的鱼的记忆岂不是只有两三秒？当这些"笨"鱼咬了一口食物后，会不会瞬间忘记嘴里含着的东西是什么？

幸运的是，鱼类作为脊椎动物中较早出现的物种，有着相当独特的进化地位，所以，有很多科学研究是关于鱼类记忆的。虽然作为实验材料的鱼的种类并不相同，试验方法和具体的目的也不一样，不过几乎所有关于鱼类记忆的研究都表明，鱼的记忆远不止7秒。

🍂 实验证据

早在20世纪60年代，当化学开始介入神经生物学的时候，就已经有人研究金鱼的记忆能力了。1965年，美国密歇根大学的研究人员用金鱼做了一个实验。他们把金鱼放在一个很长的鱼缸里，然后在鱼缸的一端射出一道亮光，20秒后，再在鱼缸射出亮光的一端释放电击。很快，金鱼就对电击形成了记忆，当它们看到光的时候，不等电击释放到水里就会迅速游到鱼缸的另一头，以躲避电击。设计实验的科学家们发现，只要进行合理的训

金鱼

练，这些金鱼可以在长达 1 个月的时间里一直记住躲避电击的技巧。

除了金鱼，另一种有名的观赏鱼——天堂鱼，也有很强的记忆能力。当这种鱼在水池中遇到陌生的金鱼时，会好奇地游来游去，打量着新来的陌生邻居，直到失去兴趣为止。如果天堂鱼和金鱼第二次在水箱中相遇的话，它们会很快发现对方是老熟人而失去探索的兴趣。实验发现，这样的记忆力至少可以保持 3 个月的时间。

天堂鱼

很快，科学家发现生物学研究上的模式生物——斑马鱼，也是一种相当聪明的动物，可以完成各种各样的任务。2002 年，美国俄亥俄州的托雷多大学（University of Toledo）的几位研究人员测试了斑马鱼的记忆能力。在训练过程中，他们会在喂食前给斑马鱼一个红光作为信号，训练中止 10 天以后，斑马鱼仍然记得亮起红灯说明进食的时间到了。在实验室里，斑马鱼还可以很快学会如何走迷宫、根据声音信号寻找食物、记住捕食者的形状、根据提示躲避电击。

有趣的是，斑马鱼和人类的记忆特点有相似之处。对于这些小鱼而言，过大的压力会让它们记不住东西，注意力分散也会降低学习效率。斑马鱼的记忆能力也会随着衰老而逐渐减退。

🐟 长期记忆也不是不可能

那么，鱼类会不会有更加强大的记忆能力呢，例如把一件事记上好几年？相关的学术研究非常有限，这是因为很多种类的鱼甚至活不了那么长的时间，而且数年的时间对于一个急着发表论文的研究生来说也确实太长了。

不过，也有一些并不正式的观察结果显示，某些鱼类确实可能有长时间的记忆。

伊利诺伊大学香槟分校心理系的教授埃里克森曾注意到，他的邻居在喂鱼前总要摇晃装鱼食的罐子，而池塘中的鱼在听到鱼食在罐中晃动的声音以后，就会从四面八方聚拢，准备进食。

受到这个现象的启发，埃里克森决定做一个相当简单的实验。他在自家的鱼池里养了一些鲇鱼，每次喂鱼的时候埃里克森都要大喊

鲇鱼

几声"鱼！鱼！"。经过了几个月的训练，每当埃里克森喊话的时候，总会有19条鲇鱼游到他的身边。第二年夏天，埃里克森又重复了一遍这一过程，这一次，一共有16条鱼听从他的口令。

当埃里克森再次回到他的鱼池的时候，已经过去了5年的时间。不过他仍然决定测试一下自己养的鲇鱼还有没有保存着之前的记忆。于是，埃里克森再一次来到池塘旁边，喊了几声"鱼！鱼！"。让他吃惊的是，即使他还没有来得及把鱼食投到水里，已经有9条鱼游了过来。第二天，接受他召唤的鲇鱼的数量增加到了13条。埃里克森在给同行的信中描述了这个实验，作为鱼类记忆能力的参考。

加拿大英属哥伦比亚大学的鱼类学家皮彻也曾经在《鱼类认知和行为》一书中描述过一个实验。在他的实验室中，金鱼饲养池里被置入了两种不同颜色的管子。只有当金鱼选择了正确颜色的管子，才能获得食物。在训练了一段时间以后，带有颜色的管子被取出。过了一年，当研究人员再一次把管子放入池中的时候，金鱼立刻选择了带有可以取得食物颜色的管子。

埃里克森的观察和皮彻的实验说明，鱼类很可能有长达一年至数年的记忆。考虑到大部分鱼类的寿命也只有几年时间，它们的记忆还是相当持久的。此外，还有一些研究表明，著名的洄游

鲑鱼

鱼类鲑鱼之所以能够在成年以后返回自己的出生地，是因为它们对自己幼年的生活环境的气味形成了记忆。

🌱 鱼为什么有记忆？

为什么鱼类会有记忆能力？这个问题很复杂，很多研究也只是初步揭示了某些可能的原因。如果让幼年的斑马鱼闻到苯乙醇的芳香气味，这些斑马鱼直到成年都能记住这种味道。研究显示，暴露在苯乙醇之下的幼年斑马鱼的嗅上皮细胞中，有一个叫作 OTX_2 的基因的表达量明显增加了。而且，这个基因即使在斑马鱼发育到成年以后，仍然保持在很高的水平。有意思的是，如果让幼年斑马鱼暴露在其他气味面前，OTX_2 基因并不会持续地提高表达量，这说明 OTX_2 很可能是让斑马鱼记住苯乙醇的特殊气味的分子。

在世界上的其他国家，鱼只有7秒（或者3秒）记忆的说法也流传甚广。根据悉尼大学的沃德（Ashley Ward）的考证，这种

斑马鱼

说法或许来自一则广告。但是也许是历史过于久远的原因，准确的来源已经很难找到了。沃德还认为，早期的动物学家在测试鱼类记忆能力的时候，采用了过于复杂的方法。这些适合对人类进行智力测试的任务对鱼类来说显然太困难了，所以试验的鱼类留下了比较糟糕的记录，这可能也是这则流言产生的原因之一。

总之，所有关于鱼类记忆的研究都表明，鱼的记忆远不止 7 秒。"鱼的记忆只有 7 秒，永远不会觉得无聊"的说法尽管美丽，但却只是传说。

（本文原载于果壳网，作者拟南芥，有改动）

假若爱比恨多，小屋就光明温暖，像一座金色池塘，有红色的鲤鱼游弋，那是你的大福气。假如恨比爱多，小屋就凄风苦雨，愁云惨雾，你会精神悲戚压抑，形销骨立。

义务教育教科书语文九年级节选

你还知道哪些关于鱼的知识？

9 "八百里洞庭"有多大？

洞庭湖北面通向长江，南面接通湘江、资江、沅江、澧水四条大河，是中国第二大淡水湖，号称"八百里洞庭"。据记载：全盛时期的洞庭湖面积可达6 000平方千米，为现在的两倍以上。

"八百里洞庭"

武汉市所处的江汉平原，在历史上曾是一片碧波荡漾。长江出三峡之后，由于荆江河床难以通过汛期的巨大水量，而在如今的江汉平原地区滞留，形成了著名的古代大湖"云梦泽"。春秋战国时期，云梦泽是连绵不断的大湖泊，南自"华容隆起"的山丘台地北侧边缘，北至汉江以南的广大地域，水面广达26 000平方千米，成为一个浩瀚的长江吞吐型浅水湖。假若它存在至今的话，那将是仅次于贝加尔湖的亚洲第二大淡水湖。不过在中国历史上，云梦泽更以一场政治阴谋出名。汉高祖刘邦采纳陈平之计，下诏"驾幸云梦，会诸侯"，趁机逮捕前来谒见的韩信并贬其为淮阴侯，以致"云梦游"日后成为阴谋诡计的代名词。

长江横穿云梦泽，泥沙淤积之下，逐渐形成荆江三角洲并逐渐向东伸展。至唐宋时期，云梦泽最终演变成宽广无垠的江汉平原，平原平均海拔高度在 23～25 米。在江汉平原上，分布着数量众多的湖泊，这些湖泊，多是云梦泽的遗迹。大湖多与长江相通，最大的湖泊是洪湖，面积为 438 平方千米，湖区至今仍是一派水乡泽国风光。

云梦泽被江汉平原取代后，长江滞流的问题仍然没有得到解决。此时地势相对较低的荆江南岸就成了长江新的倾泻对象。按照《水经·湘水注》记载，东晋南朝时期洞庭湖已经形成，当时洞庭湖方圆五百里。唐宋时期，随着云梦泽的萎缩，荆江洪水继续南泄导致洞庭湖进一步扩展，此时，汪洋浩渺的"八百里洞庭"便形成了，宋代诗人姜夔称之为"洞庭八百里，玉盘盛水银"。

在华北地区，主要农作物是旱地作物，百姓无意主动争取水田，也就不主动毁湖造田。而在南方，南北朝时期已有豪族巨室私占湖泽，称为盗湖及封略山泽，但其目的不在造田，而在于养殖鱼类及水产，是利用天然资源，不损及湖体。后来人口增加，需要的粮食增多，而汇入洞庭湖的河川上游尚经过有天然植被的地区，挟带泥沙在湖中淤积成洲渚，比平原、丘陵等地之农田肥美，于是人们围湖造田，趋之若鹜。

大体说来，围垦有两种形态。一种是在天然湖泊周边围垦，形成湖田，俗称"垸子"；一种是在河川两岸筑堤，堵塞穴口，垦种河滩地或支流江河的河床地，也称为"垸田"。垸田之筑造，要以湖中淤积的沙洲渚滩的出现为前提。然后在沙洲临湖水的各边，根据枯水线建筑高堤，以防高水位时湖水灌入。因为湖田近水，正适于种植稻米，所以其产量也较一般的农田高。

洞庭湖筑垸围湖

南宋时期是洞庭湖筑垸围湖的第一次高潮，官僚富豪"侵占湖沼淤地，筑堤围田，广袤千里"，不久便堤垸比比皆是，"桑麻蔽野，稼墙连云"。因亩数一时无法统计，居然以粮种多少作为纳税依据，如岳州规定一石种粮"作七亩科敷"。不过当时已经出现了垸子增加后，水患随之而来的情况，于是在蒙古人统治时期，元人认为围湖造田是"射小利，害大谋，急近功，遗远患"，遂有退田还湖之举。

🍃 "湖广熟，天下足"

宋元以前，湖广（今湖南与湖北）大部分地区处于人口相对稀少的状态，特别是湖区更是如此。自明代开始，众多的各地流移客户始向湖广流动，这里成为全国流民集结的中心之一。成化年间，仅荆襄山区一次招抚出流民即达一百五十余万。人口的急剧增加，一方面增加了农业的劳动力，另一方面也强化了对耕地的需求，洞庭湖的围垦运动遂进入急剧膨胀阶段。据史料记载，明朝276年中，共筑堤33处，建垸134座，大部分坐落在北部的华容、安乡和南部的常德、汉寿、益阳、湘阴等地，其中60%以上修建于明中期以后。随着沮洳水乡变为肥沃农田，湖广地区开始在全国的米粮市场中奠立起不可忽视的地位，正是在明代出现了"湖广熟，天下足"的谚语，取代了宋代的"苏常熟，天下足"。这时的江南在每年通过大运河向北京的帝国朝廷贡献四百万石漕米之后，不仅不能像宋代那样"熟天下"，甚至连自己也养活不了了，由于"地狭人稠"，反而"半仰食江、楚、庐、安之粟"。

到了清代，在"务使野无旷土"思想主导下，实行了鼓励垦荒的政策。康熙年间，政府采取一系列措施，鼓励开发垸田："赏助米粮人工之费六万两"，并且对新增垸田"免其升科"，遂令湖区垸田进入全盛时期。经过康、雍、乾三朝的持续围垦，长沙、岳州、常德等府，"堤垸多者五六十，少者三四十，每垸大者六七十里，小者亦二三十里"，环绕洞庭湖周围的垸田多达五百余区，已是"滨湖之地，尽皆筑垸为田，湖面已非昔比"。

这一时期，随着人口日益增多以及粮田被收益更高的经济作物挤占，长江下游的江苏、浙江一带，比过去更加仰赖湖广的米粮供应。康熙三十八年六月皇帝谕云："江浙百姓，全赖湖广米粟。"雍正帝亦曰："楚本产米之乡，素为东南所仰给。"如果湖广米粮因故未到下江，则江浙粮食市场即刻感到紧张，价格上扬。

此时解决米粮问题，无论官方拨运、委员采买等皆以湖广为主要米谷货源地方。康熙皇帝南巡江浙，询问地方米贵的

李煦行乐图

原因，"百姓咸谓数年来湖广米不至，以至价值腾贵"，而康熙皇帝派到江南的亲信李煦在1712年农历八月八日给皇帝的奏折中也说："苏州、扬州，因湖广客米到得甚多，所以米价仍贱。"作为当时东南最大的米粮市场苏州，"湖广米日至者不可胜数"。这时的洞庭湖垸田已经成为整个大清帝国举足轻重的产粮区，"泽国皆成沃壤，因地之宜，顺物之性，阜国裕民"。咸丰年间的湖南巡抚骆秉章讲到湖南产米区域时，更是直接指出滨湖之垸田农业区为省内生产米粮的主要基地。邻近洞庭湖区的汉口因此也成为当时全国著名的三大米市之一，两湖产粮州县都运集于此，并从这里经由水路交通，销往全国各地。

🌱 与水争地之势

成为"天下粮仓"并不是无代价的。"自康熙年间许民各就滩荒筑围垦田，数十年来，凡稍高之地，无不筑围成田。湖滨堤垸如鳞，弥望无际，已有与水争地之势。"不少围垸已是直接围垦

湖、河水面而成。首先在湖河水面中人为地制造淤积,然后围筑成垸。在湖南,"废水利而图田功"的形式应有尽有,水道的湮塞、湖泊的萎缩以及陂塘的填垦,导致了无路通泄、无湖消纳、无水灌溉现象的出现,引起了频繁的水患。康熙一朝历时61年,湖北竟发生洪涝灾害50次,累计受灾县份达到283个。雍正朝只有短短13年,湖北虽只发生9次洪灾,受灾县份居然达到78个。在有识之士的建议下,乾隆十二年(1747),清廷下令"沿湖荒地未经圈筑者,即行严禁,不许再行垦筑"。乾隆二十八年(1763),弘历又在朱批里表示,"洞庭一湖,为川黔粤楚众流之总汇,必使湖面广阔,方足以容纳百川,永无溃溢"。

只不过,明白道理是一回事,执行起来就是另一回事了。自康熙末期以来,"生齿甚繁,田土未增"已成为清廷统治者经常忧心忡忡的议题。

在清朝初年,湖广还是人口密度相对较低的地区,康熙二十四年(1685),湖北、湖南的人口密度分别只有每平方千米9.76人与5.44人,远逊全国平均的21.92人。到了乾隆十四年(1749),湘鄂两省的人口密度(每平方千米约40人)第一次超过了全国平均水平(每平方千米33.15人),而两省之中人口增长最快的,正是洞庭湖区,其中的安乡县人口在1722年到1816年间竟增加25倍。这就出现了"或有言开垦者,不知内地实无闲处"的困境。

雍正二年(1724),全国在册赋地为7.23亿亩,经过近百年开发,到了嘉庆十七年(1812)时也只达到7.91亿亩,仅增长9%。

由于"郡无不垦之土"，"而农民蕃衍，多苦田有未足"，河湖海滩自然成为围垦的主要目标，其势不得不为，又岂是朝廷的严刑峻法所能阻遏的呢！

结果，"愚民惟利是图，或因准其存留辄复私行加筑"，而地方官为了继续获得那些未报垦的私围垸田税收，同样百般推延和隐瞒。因此清政府的禁令始终收效甚微，围垦风潮愈演愈烈。自乾隆至咸丰时期，汉川县（今汉川市）堤垸由44处加到300余处，益阳县（今益阳市）也由109处增加到137处。咸、同年间，荆江大堤溃决，形成藕池、松滋、调弦、虎渡等荆江四口分流入洞庭湖的局面。从此，泥沙源源不断地从四口入湖，使湖区淤积速度明显加快，以致"洲渚日高，湖底日浅"。而湖区西北部的水下三角洲因迅速淤积，至光绪初年，竟淤成高洲，名曰"南洲（即今南县）"。此时的清廷干脆宣布，"已淤洲地，势不能以人力强为疏浚复还为湖，流寓民人，亦断难驱逐资遣致令失所"，竟决定划疆定界，招民围垦。到了清末，湖南当局为了解决财政困难，更是开始正式以发售"垦照"的形式，在洞庭湖招民纳资承垦，使围湖

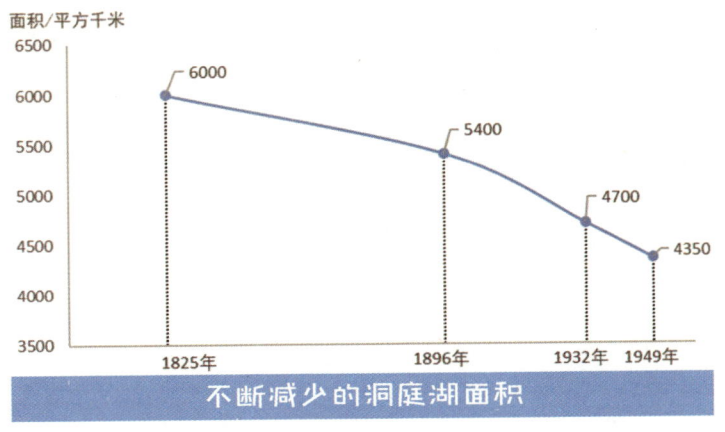

不断减少的洞庭湖面积

造田合理、合法化。

于是乎，清后期至民国初的洞庭湖，恰如1932年编撰的《湖南地理志》所述："湖身渐淤渐狭，田垸更推更广。昔之渺渺洞庭，今以南阡北陌，一望皆田。"在1825年面积仍广达6 000平方千米的洞庭湖，到1896年已经减少到5 400平方千米，1932年只剩下4 700平方千米，1949年时更是仅余4 350平方千米，已经远远落后于在1953年时仍然保有5 053平方千米面积的鄱阳湖，将中国第一大淡水湖的宝座拱手相让，距离范仲淹笔下"衔远山，吞长江，浩浩汤汤，横无际涯"的胜景也越来越远了。

（本文原载于澎湃新闻网，作者罗昕，有改动）

予观夫巴陵胜状，在洞庭一湖。衔远山，吞长江，浩浩汤汤，横无际涯，朝晖夕阴，气象万千。此则岳阳楼之大观也，前人之述备矣。

义务教育教科书语文九年级节选

现在的洞庭湖有哪些生态问题？又该如何解决呢？

10 中国古代是如何酿酒的？

"何以解忧，唯有杜康。"作为一种在中国已经产生并且流传了上千年的饮品，酒在中国社会当中无疑占据了相当重要的地位。那么酒究竟是如何诞生的呢？

早在 3 000 多年前，中国古人就做出了一种叫酒曲的原料，用它酿出来的酒甘甜芳香，回味绵长。几千年来，酒曲一直是中国酒酿造的秘诀。现今，并没有多少人真正了解我们的祖先究竟是怎样酿造出美酒的。

酿酒

北魏时期的贾思勰写下了不朽名著《齐民要术》，这是一部农业技术专著，作为农副业产品之一的酒的生产技术占了一定的篇幅。其中有八例制曲法，四十余例酿酒法。它所收录的实际上是汉代以来各地区（以北方为主）的酿酒法，是我国历史上第一部

系统总结酿酒技术的著作。其所记酿酒技术路线与前人所总结的汉代酿酒技术路线大致相同。但是更为可贵的是《齐民要术》中总结了许多酿酒技术的原理，这些原理在现代仍然具有指导意义。

知识小贴士

《齐民要术》大约成书于北魏末年（533—544年），是北魏时期中国杰出农学家贾思勰所著的一部综合性农学著作，是中国现存最早的一部完整的农书。全书共10卷92篇，系统地总结了六世纪以前黄河中下游地区劳动人民农牧业生产的经验、食品的加工与贮藏方法、野生植物的利用，以及治荒的方法，详细介绍了季节、气候和不同土壤不同农作物的关系，被誉为"中国古代农业百科全书"。

用曲的方法

用酒曲酿酒是我国的特色，古人如何用曲值得研究。曲是糖化发酵剂，在古代，将其看作发酵的

制曲

引物。酿酒的关键步骤之一就是先将酒曲制成这种引物，酒曲的使用是否得当往往决定酿酒的成败。因为古代的酒曲都是微生物天然接种的，极易污染杂菌。

古代用曲的方法有两种：一种是先将酒曲泡在水中，待酒曲发动后（即待曲中的酶制剂都溶解出来并活化后），过滤曲汁，再

投入米饭开始发酵，这称之为浸曲法；另一种是将酒曲捣碎成细粉后，直接与米饭混合，这不妨称之为"曲末拌饭法"。浸曲法可能比曲末拌饭法更为古老。浸曲法

古代酿酒场景

大概是从蘖（谷芽）浸泡糖化发酵转变而来的。浸曲法在汉代甚至在北魏时期都是最常用的用曲方法，可从《齐民要术》中广泛使用浸曲法得出这一结论。

古代懂得浸曲之水应根据不同的季节分别处理。冬季酿酒取来的水可以直接浸曲；春天后，气温较高，水不干净，需将水煮沸，沸水也不能直接浸曲，需冷却后才能浸曲（沸水会将曲中的微生物烫死，酶也会失活）。

浸曲的时间也有讲究，应根据季节、水温确定浸曲时间，以保证浸曲的效果。

酿酒酵母菌喜欢在较酸的环境中生长，其生长最适 pH 在 4.2～5.0 之间。有些微生物如细菌则在中性的 pH 环境下较易生长，在较低的 pH 环境下会受到抑制。米饭加水后，其 pH 往往不在 4.2～5.0 的范围内。为克服这一矛盾，古人除了选择酿酒时间多在温度较低的冬季进行之外，还采用了既大胆又明智的"以酸治酸"的策略：酸浆法。本来酿酒所忌讳的就是酒变酸了。但是

古人巧妙地利用先酸化后酿酒的策略，使酒醪中的酸性环境有利于酵母菌的生长，不利于腐败菌（细菌）的生长，反而可以抑制酒变酸。最早记载此法的是《齐民要术》。《齐民要术》中有三例酿酒法采用了酸浆法。

固态及半固态发酵法

我国黄酒酿造的重要特点之一是发酵醪液中固体物质的浓度较高。与国外的葡萄酒发酵、啤酒发酵相比，这一特点就更加明显。啤酒也是采用谷物做原料，其糖化醪中麦芽与水的比例为 1∶4.3 左右。威士忌的糖化醪比例则为 1∶5 左右。

《汉书·平当传》如淳注："稻米一斗得酒一斗为上尊，黍米一斗得酒一斗为中尊，粟米一斗得酒一斗为下尊。"一斗米出酒一斗，可见酿酒时原料米在发酵醪液中的浓度肯定是很高的。

新汉王莽时期规定的酿酒米、曲、酒之间的比例 2：1：6.6，这一比例在我国是较为常见的。发酵醪中的固体物质浓度也大大高于啤酒的发酵醪。

《齐民要术》中酿酒法的发酵醪液的固体物浓度大致可分为三种类型：一种是浓度极高的，如粳米酎酒和秫米酒，固体物质与水的比为 1：0.7 或 1：0.8。居中的是 1：1 左右的。最稀的则是夏鸡鸣酒，约为 1：3，这种酒发酵时间不到 24 小时，晚间下酿，次日早晨出售，是比较淡薄的。但不管如何，绝大多数酒比啤酒要浓。

从《齐民要术》的记载来看，用水量最少的酒是"米酒"（一种法酒），但实际上加水量最少、浓度最高的应是几种酎酒。酎酒酿造的特点是，不是采用常见的浸曲法，原料也不是采用常见的蒸煮方式，而是先磨成粉末，再蒸熟。曲末与蒸米粉拌匀，入缸发酵，几乎近于固态发酵。酎酒酿法的又一特点是酿造时间长达七八个月，而且基本上是在密闭的条件下进行发酵的，即当米粉加曲末用少量的水调匀后，即装入瓮中，更加以密封，不使漏气。由于基本上隔绝了外来氧气的介入，发酵始终处于厌氧状态，有利于酒精发酵。这种方法酿造的酒，酒的颜色如麻油一样浓厚。

温度的控制

古人与现代人在温度这个物理量上无非是表达方式的不同，确切地说古人不是用数值表示，而是用人的体温或沸水的温度作为参照，来大致确定酿造时应控制在什么温度的范围内。我国农民在酿酒过程中已掌握了各关键环节的温度控制要点，这在《齐民要术》中得到了较完整的体现。比如浸曲时温度的控制，摊饭时温度的控制，以及发酵温度的维持。

酿酒的后道处理技术

到北魏时期，酿酒的后道处理技术仍然是比较简单的。从东汉的画像石上的庖厨图上可看出，酒的过滤是采用绢袋自然过滤后再加上用手挤压。

《齐民要术》中提到了"押酒"法。但如何"押"则不甚清楚。如在"粳米法酒"的制取中是这样做的："令清者，以

酿酒的后道处理

盆盖，密泥封之，经七日，便极清澄，接取清者，然后押之。"首先是任酒液自然澄清，取上清酒液后，下面的酒糟则用押的方法进一步取其酒液。在古汉字中，"押"通"压"，应是用重物从上

往下压，才能把酒糟压干。可能会使用压板和某种过滤介质作为配合，把酒糟压下去，稍清的酒液又显露出来。不知当时是否有专用的木质压榨工具。

（本文原载于搜狐网，有改动）

课本联通

　　至于负者歌于途，行者休于树，前者呼，后者应，伛偻提携，往来而不绝者，滁人游也。临溪而渔，溪深而鱼肥，酿泉为酒，泉香而酒洌，山肴野蔌，杂然而前陈者，太守宴也。宴酣之乐，非丝非竹，射者中，弈者胜，觥筹交错，起坐而喧哗者，众宾欢也。苍颜白发，颓然乎其间者，太守醉也。

义务教育教科书语文九年级节选

灵光乍现

　　酒文化已然成为中国人生活中难以剥离的一部分，你怎么看待这种文化呢？

　　酒也是古人尤其是诗人的钟爱之物，你觉得酒为什么会成为诗人笔下离不开的意象呢？

11 人为什么会做梦？

我们每个人都会做梦，同时在梦境中会出现各种各样神奇的事情，有时候我们的梦境无比真实，有时候却模模糊糊，可以说梦境是千变万化的。那么你是否想过人为什么会做梦？今天我们就从梦的源头了解这一现象产生的原因吧。

人为什么会做梦？人是从几岁起开始做梦的？你又是否记得你的第一个梦抑或是第一个被你记住的梦是怎样的？

睡梦中的小孩

其实，从 2 岁起，我们就开始做梦了。据研究，2 岁能说话的儿童在快波睡眠时有 30% 在做梦，而慢波睡眠时却没有人在做梦，但随着年龄的增长，人们在慢波睡眠时也开始做梦了。

所谓"日有所思夜有所梦"不无道理，梦终究是脑部活动，当人体处于清醒状态的时候，人的身体可以对外界的事物产生本能的反应。但其实人体处于休眠状态时，并非所有器官都处于休眠状态，脑电波、眼球等都和清醒的时候是一样的，只是身体的肌肉处于休息中，这

做梦者的意志

个时候白天发生的经历很有可能在梦里出现。一般情况下，做梦的内容和白天的经历或者是刺激有很大的关系，有些人一段时间情感波动或者工作负荷过重也会不停做梦。

那么这与做梦者的意志有关吗？目前我们还不能有意识地去选择所要做梦的主题和内容，科学家们对此提出了不少见解，但对于大脑如何将这些漫无边际、杂乱无章的思绪合成为梦，仍然是未解之谜。

梦的解释是一门很深的学问，虽然梦之谜尚未完全解开，但我们仍然可以掀开梦的面纱浅窥一二。

🍃 心理学家和哲学家的观点

在弗洛伊德以前，一般人对于梦主要有两种看法：一种认为，梦是来自鬼神的启示，可以预卜未来，指导行动；另一种看法则认为，梦是没有意义的胡思乱想，没法解释。

民间主要通过密码法、象征法这两种方法来解梦。密码法就像查字典，把梦拆开，通过查询前人已经编写好的解梦书，翻译梦里每个东西所代表的意义，然后再把它们串起来。象征法则像

打比方，把梦当成一个整体，认为梦里发生的一切象征着做梦者在现实中的境况和未来走向。

弗洛伊德

弗洛伊德首先否定了上述两种对梦的看法，他认为把梦当成超自然力量的启示是迷信，同时，他反对把梦当成没有意义的胡思乱想，认为梦是充满意义的，梦和做梦者清醒状态的思想活动有着密切的联系。最重要的是，弗洛伊德认为梦是可以解释的，用心理学技巧来解释梦完全是有可能的。

弗洛伊德也否定了民间的两种解梦方法：密码法靠个别人编写的"解梦书"来翻译梦，但解梦书籍提供的解释不一定适用于所有人，而象征法全凭一种主观的推测以及直觉的反应，这两种方法都不可靠。他提出用精神分析法来解析梦。

弗洛伊德等学者认为，梦是记忆的再生。梦几乎不能超越过去而再生，有些梦的内容，其实就是我们没有认识的过去，是那些被我们遗忘的但却隐藏在记忆深处的某些细节。在睡眠中凭着记忆广泛地联络、收集、整理，这些隐藏在深处的记忆就会以梦的形式再现。

🍃 生理学家的观点

生理学家们认为梦就是一种反应，是刺激与反应之间的联系。生理学家曾做过这样一个试验，当出现铃声时，受试者便做铃响的梦，这是因为他在没有做这个梦之前，已经听过铃的声音，这就是声音的条件刺激，电话梦才是睡眠中的条件反射。同样的，做给人皮肤上滴水的试验，结果受试者梦到的内容就是与落水和下雨有关。睡眠中身体的内外感觉刺激，如声音、光线、气味、触摸和温差等也与梦的内容有关。

🍃 梦与五脏

现实生活中存在着梦的内容跟五脏及烦恼有关的说法。中国古代医学认为，所谓五脏指心、肝、脾、肺、肾，各司其职，如果五脏出现了毛病，则会做与相关脏器有关的梦。医生可根据梦的内容诊断某一脏器的疾病，并给予治疗。

知识小贴士

人们正常的睡眠结构周期分两个时期：非快速眼动睡眠期（NREM）和快速眼动睡眠期（REM）。NREM与REM交替出现，交替一次称为一个睡眠周期。快速眼动睡眠期又叫异相睡眠或快波睡眠。它以几种生理变化为标志，包括肌肉放松、眼球运动、呼吸加快和大脑活动增加。

🍃 脑部血液增快学说

梦常发生于快速眼动睡眠期（REM），而在此时大脑皮质仅有一个小区域代谢增强，其余大脑皮质区域的代谢保持着慢波睡眠时的状态，而与大脑边缘系统紧密相连的其他区域血流和代谢也是加强的。由于在快速眼球运动睡眠状态下，大脑前额皮质大部分区域几乎是不工作的，这样就无法发挥它在清醒时的抑制作用，那些控制情感和记忆的神经区域却血流增加，代谢加快，梦也随之出现了。

（本文原载于搜狐网，作者FitSleep，有改动）

行路难（其一）

李 白

金樽清酒斗十千，玉盘珍羞直万钱。

停杯投箸不能食，拔剑四顾心茫然。

欲渡黄河冰塞川，将登太行雪满山。

闲来垂钓碧溪上，忽复乘舟梦日边。

行路难，行路难，多歧路，今安在？

长风破浪会有时，直挂云帆济沧海。

义务教育教科书语文九年级节选

你还知道哪些关于梦境的科学知识？

12 探寻黄河之源

黄河自古就是古代文人笔下的常客，从王之涣的"黄河远上白云间，一片孤城万仞山"，到王维的"大漠孤烟直，长河落日圆"，再到李白的"君不见，黄河之水天上来，奔流到海不复回"，它催发了最优秀的中华文化，中华民族历史的源头在黄河之滨，而黄河的源头在青海。下面，我们就追寻先人的脚步，看看黄河之源是怎么一步步被发现的。

从古至今，中华儿女就一直在对黄河源头进行永不停歇的追溯，并留下了美丽的传说和动人的诗篇。"黄河之水天上来，奔流到海不复回。"诗人们用浪漫瑰丽的想象，对黄河源头做了艺术化的探寻。而事实上，人类对黄河源头的认识经过了一个漫长的过程，这些

黄河

在中国古代典籍中均有所记录。

《尚书·禹贡》曾有"导河积石，至于龙门"的记载，"积石"即阿尼玛卿山，也称大积石山，但这里离黄河源头还有一段距离。《山海经》《尔雅》有"河出昆仑"的记载。西汉张骞出使西域后，《史记》中有"发源于于阗，东流至盐泽，再潜行地下，南出为河源"的说法。

隋大业五年（609），隋炀帝杨广为平定吐谷浑随军亲征至青海境内，并遣使在今青海果洛藏族自治州和海南藏族自治州部分地区设置黄河源郡，表明在隋朝人们已经知道黄河发源于青海果洛及海南地区。

唐太宗贞观九年（635），为平定吐谷浑叛乱，唐朝大将李靖、侯君集、李道宗等人率领人马到达今星宿海一带，《新唐书》记载他们"次星宿川，达柏海上，望积石山，览观河源"。这里的星宿川指的就是星宿海，而柏海，指的就是今天的扎陵湖和鄂陵湖流域。故唐宋时期，人们便将星宿海作为黄河源头。

星宿海，位于青海省果洛藏族自治州玛多县，东与扎陵湖相接，西与黄河源头玛曲相接。玛多县境内河流密集，湖泊

众多，共有大小湖泊 4 000 多个，素有千湖之称，境内主要河流有玛曲、江曲、勒那曲、多曲等。素有"黄河源头姊妹湖"之称

的鄂陵湖、扎陵湖，以及冬格措纳湖、星宿海等著名湖泊均在玛多县。

黄河之水行进至星宿海区域，因地势平缓，河面骤然展宽，流速也变缓，四处流淌的河水便使这里形成大片沼泽和众多的湖泊。在这不大的盆地里，星罗棋布着数以百计的大小不一、形状各异的湖泊。登高远眺，这些湖泊在阳光的照耀下，熠熠闪光，宛如夜空中闪烁的星星，星宿海由此得名。

到了元代，人们开始对黄河河源进行实地考察。元世祖忽必烈派遣都实等人勘察黄河河源，对星宿海一带作了详细考察。1315 年潘昂霄根据都实的调查写成《河源志》一书，明确指出黄河发源于星宿海西南百余里处（约在今巴颜喀拉山附近，虽然元朝对黄河源头的探查还不是特别精确，但是元代所调查的黄河源距离今天黄河实际的正源——巴颜喀拉山约古宗列曲不算很远），并记载"该处水从地涌出如井，其井百余"。

清康熙年间，康熙帝命侍卫拉锡、舒兰探查黄河河源。他们到达星宿海，发现星宿海上源还有三条河流，但并未追至源头。清乾隆四十七年（1782），乾隆帝命侍卫阿弥达"恭祭河源"，对星宿海上源三条河流进行了实地勘查，并认定星宿海西南的阿勒斯坦郭勒河（即今卡日曲）为黄河上源。

中华人民共和国成立后，对黄河源头进行了多次考察。1952年，黄河水利委员会河源勘查队对黄河河源进行了数月勘查，并认定约古宗列曲（玛曲源流段）为黄河正源。

1978 年，中央和地方有关科研专业人员对黄河源头和扎陵、鄂陵两湖进行实地勘查，查清在河源地区西部，有 3 条河流汇入星宿海，它们是扎曲、约古宗列曲和卡日曲，专家提出了将卡日曲作为河源的建议。1985 年，黄河水利委员会根据历史传统和各家意见，确认玛曲为黄河正源，并在约古宗列盆地西南隅的玛曲曲果竖立了黄河源标志。1999 年 10 月 24 日，黄河源碑在巴颜喀拉山北麓的黄河发源地——青海省玉树州曲麻莱县玛曲曲果竖立，此碑坐东朝西，面向着黄河的第一股清泉。

为开辟黄河源头的旅游业，1988 年 9 月，玛多县人民政府在措日尕则山（位于鄂陵湖和扎陵湖中间）的顶峰修建了一座"华夏之魂河源牛头碑"。碑身高 3 米，碑座高 2 米，均用铜版铸模镶嵌，碑式别致，字体雄浑，纪念碑后题写了藏汉文"黄河源头"字样，象征着中华民族历经沧桑的悠久历史和勤劳朴实的品格。纪念碑选择了原始图腾神圣的崇拜物——牛，以其角粗犷、坚韧、有力的造型，概括了我们伟大而坚强的民族精神。

牛头碑

从古至今，人们对黄河源头进行了持续的不间断的考察，留下了许多历史佳话，也留下了许多有趣的故事，这些都为黄河源头增添了无尽的魅力和些许神秘色彩。

（本文原载于水润威海公众号）

 课本联通

行路难（其一）

李白

金樽清酒斗十千，玉盘珍羞直万钱。

停杯投箸不能食，拔剑四顾心茫然。

欲渡黄河冰塞川，将登太行雪满山。

闲来垂钓碧溪上，忽复乘舟梦日边。

行路难，行路难，多歧路，今安在？

长风破浪会有时，直挂云帆济沧海。

义务教育教科书语文九年级节选

 灵光乍现

你还知道哪些关于黄河的知识？

13 航海技术话春秋

"长风破浪会有时，直挂云帆济沧海"，写出了李白笔下美好的希冀，但若提到中国古代乘风破浪的航海历史，就不能不介绍一下中国古代的航海技术。的确，汉唐远航异域、宋代横渡印度洋、郑和七下西洋……我们的先人之所以能够在世界航海舞台上演出一幕幕威武雄壮的话剧，关键之一是掌握了当时先进的航海技术。

八百多年前，一艘宋朝的海船正在南海破浪而行，准备从广州前往苏门答腊岛的兰里做生意。连续几天，天空总是灰蒙蒙的，太阳和月亮也不知道躲到哪儿去了，商船的航向究竟对不对呢？船员们不约而同地向船尾处火长（船长）工作的船舱望去。只见火长不慌不忙，低头瞧了一会儿放在桌子上的小圆盘，然后走出船

宋朝的海船

舱，向后面的舵工下达命令："船的航向太偏东南了，赶快纠正过来，改向西南航行。"很快地，商船又恢复了计划的航向。那么，火长用来判断海船航向的"小圆盘"是什么东西？它就是我国古代的四大发明之一——大名鼎鼎的指南针。说起来，指南针由陆地移到海上，这中间还有一段曲折的经历呢。

司南

从宋代再往前追溯一千多年，在我国历史上的战国时期，曾有一种叫作"司南"的测向仪器。"司南"是用天然磁石制成的，看上去像一个

司南

勺子，把它放到一个光滑的盘子上，勺柄能够自动指南。当时，人们制作一个"司南"相当不容易。先要找一个整块的磁石作材料，这块磁石本身得有指南、指北两极。加工磁石的时候，既不能用锤、凿等工具击打它，也不能用火去烧它，只能够轻轻地磨制，否则一经"千锤百炼"，石头的磁性就会消失得无影无踪了。这样看来，琢磨"司南"的工匠还真的要花一番"铁杵磨成针"的功夫。

可是，费尽心血才做成的"司南"，一到海上却成了聋子的耳朵——摆设，派不上用场了。为什么会这样呢？原来，茫茫的大

海总是波浪起伏，无风三尺浪，船在海上颠簸不定。在这样的情况下，如果用一个平滑的盘子盛上一个同样光滑的勺子（为的是降低勺子转动时的摩擦系数），要让这个盘子始终保持水平状态，还要让上面的勺子固定住，这简直就是"天方夜谭"。所以"司南"始终没有被搬到船上。

指南针

唐宋时期，我国航海业的发展十分迅速。海员们在长期的海上实践中，饱受迷失方向之苦，迫切需要一种实用的指向仪器。"司南"既

然不行，那么还能不能够找到一种新的仪器呢？经过长期的摸索和反复的试验，人们发明了人工磁化的方法，这是制造指南针的一项关键技术，从而为指南针的出现提供了可能。

世界上关于人工磁化的最早记录，是北宋庆历四年（1044）写成的《武经总要》。在这本书里，提到了人工制造"指南鱼"的方法。它是把一个铁片剪成长约两寸的鱼形，放到炭火里烧红，然后将炽热的"鱼尾"对准正北方向浸入水中，再取出来，一只尾巴指向北方的"指南鱼"就做成了。用现代的知识来看，这实际上是一种利用强大的磁场的做法。但这种方法取得的磁性比较

弱，灵敏度不高，实用价值还不太大。

时隔不久，一种更好的人工磁化方法出现了。北宋大科学家沈括写的《梦溪笔谈》里，介绍了当时的"方家"以天然磁石摩擦钢针，钢针"则能指南"。从现在的观点来看，这是一种利用天然磁石的磁场作用，使钢针内部的磁力线排列规则化，从而让钢针显示出磁性的办法。这种办法操作简便，钢针取得的磁性比较强，灵敏度高，它就是我们所说的指南针了。

在《梦溪笔谈》里，沈括还试验了把指南针放在手指甲上、瓷碗边上，用细蚕丝悬挂到空中及漂在水里四种安放指南针的办法。从航海的角度来看，其中最有实用价值的是漂在水里，即"水浮针"法。它的具体操作是，找一小截灯芯草，把指南针穿到草的中间，放在水里，指南针便可以靠着灯芯草的浮力漂在水面上了。这样，不管船舶在

知识小贴士

《梦溪笔谈》是北宋科学家、政治家沈括所写的一部涉及古代中国自然科学、工艺技术及社会历史现象的综合性笔记体著作。全书共30卷，分三部分，其中《笔谈》26卷，《补笔谈》3卷，《续笔谈》1卷。内容涉及天文、历法、气象、地质、地理、物理、化学、生物等诸多领域。该书有超过三分之一的内容记载了自然科学知识，这些内容极具价值，总结了中国古代，特别是北宋时期的科学成就，被英国科学史家李约瑟评价为"中国科学史上的里程碑"。

大海中如何摇晃，装在容器中的水面却总有维持水平的倾向，所以，"水浮针"的指向效果是相当稳定的。

宋代的人们不仅最早发明了指南针，而且还敏锐地发现了指南针的一个"大问题"——它并不是指向正南的。沈括曾对他自己制作的指南针进行过细致观察，结果发现指南针"常微偏东"，表明当时沈括已认识到了地磁偏角的存在，这对于提高船舶的导航精度具有重大的意义。1492年，西方著名航海家哥伦布在横渡大西洋到达"新大陆"时，也有同样的发现，但这已经比沈括晚了四百多年。

指南针发明之后，很快就被我国的航海者"搬"到了船上。北宋宣和元年（1119）朱彧撰写的《萍洲可谈》一书，是世界上最早记载利用指南针进行海上导航的书籍。书中写道："舟师（船长）识地理，夜则观星，昼则观日，阴晦（阴天）观指南针。"过了四年，一个名叫徐兢的官员出使高丽，回国后写了一本《宣和奉使高丽图经》，其中也谈道："是夜，洋中不可住，惟视星斗前迈，若晦冥，则用指南浮针，以揆南北。"我国先人们留下的这两条用指南针导航的珍贵记载，要比欧洲和阿拉伯足足早了一百年。

后来，南宋人赵汝适在《诸蕃志》里写道："舟船来往，惟以指南针为则，昼夜守视惟谨，毫厘之差（差别），生死系矣。"从中不难看出，南宋海员们已经对指南针相当依赖了。

海员们对指南针的倚重，还加速了指南针本身的改进和完善。南宋时期，人们又创造出了更先进的水浮式磁罗盘——针盘。当时一个叫吴自牧的人在《梦粱录》中叙述道："风雨冥晦，惟凭针盘而行，乃火长（船长）掌之，毫厘不敢差误，盖一舟人命所系也。"

🍃 针盘

"针盘"，是早期罗盘的一种形式。它是由一根水浮针和一个圆形方位盘结合起来而形成的。在方位盘上，中央镶着水浮针，周边由12地支（子、丑、寅、卯、辰、巳、午、未、申、酉、戌、亥）将整个圆周分成12等份，再把天干8字（甲、乙、丙、丁、庚、辛、壬、癸）和八卦4字（乾、艮、巽、坤）分别填入12地支之间，这样就构成了每字相差15°的24方位罗盘图。

针盘

在使用"针盘"的过程中，还可以把每两个字中间的夹缝作为一个方位，例如"未"位表示现代方位210°，"坤"位表示现代方位225°，"坤未"位则可以表示现代方位217°30′。这样，又构成了每个方位相差7°30′的48方位罗盘图，分辨精度当然是更高了。大家可能还想象不到，近代号称"船坚炮利"的西方列强，直到距今100年前，船上使用的罗盘才仅仅被分成32个方位点，每点相隔11°15′，比起我国古代的"针盘"，其方向分辨精度显然是差得多了。

在科学技术高度发展的今天，海船上已经出现了卫星导航、通信导航、天文导航等各种各样新的导航手段。但我国先人发明的指南针技术，却依旧是每条船上必备的导航手段。有机会的话，你可以到海轮的驾驶台去看一看，在驾驶台的中央，肯定会有一个半人多高、脸盆粗细的铜制圆柱子，它就是船上重要的导航仪器"磁罗经"——一种精密的"指南针"。

（本文原载于360个人图书馆，作者找不着北找南，有改动）

行路难（其一）

李 白

金樽清酒斗十千，玉盘珍羞直万钱。
停杯投箸不能食，拔剑四顾心茫然。
欲渡黄河冰塞川，将登太行雪满山。
闲来垂钓碧溪上，忽复乘舟梦日边。
行路难，行路难，多歧路，今安在？
长风破浪会有时，直挂云帆济沧海。

义务教育教科书语文九年级节选

如果在森林里迷路了，可以根据哪些东西来辨别方向？试着说出两种。

14 月有阴晴圆缺：月相变化

"人有悲欢离合，月有阴晴圆缺。"古人很早就发现了月相的变化规律，总结出其变化周期，并以月相变化规律制出农历，也就是我们常说的阴历。那月相究竟是怎样变化的呢？

大家知道，月球本身是不发光的，我们看到的皎洁月光，实际是它对太阳光的反射。由于月球、地球、太阳三者相对位置的不同，在地球上的我们便会看到

月球

月球呈现出各种形状，这就是月球的相位，简称月相。要了解月相变化的规律，需要先来了解一下以黄道为基础所建立的坐标系统。与地球上的地理经纬度类似，黄道在两个方向上的度量坐标就是黄经和黄纬，黄经就是平行于黄道大圆上各位置的坐标，黄纬就是垂直于黄道面的坐标，每个天体在某一时刻的位置也都可

黄道，是从地球上来看太阳一年"走"过的路线，是由于地球绕太阳公转而产生的。人们从地球看太阳，太阳相对绕着地球转——太阳慢慢在星空背景上移动，一年正好移动一圈，回到原位，太阳如此"走"过的路线，即地球公转轨道在天球上的反映，称为黄道。

以用黄经和黄纬来表示。下面我们就跟随着月球公转中运行到不同黄经位置时的情况，来看看其相位是如何变化的。

如下图所示，在位置1，太阳和月球的黄经差为0°，即称朔或新月，这时月球以黑暗面对着地球，且与太阳几乎同时出没，故地面上无法见到；在位置3，太阳和月球的黄经差是90°，此时的月相被称为上弦，半月形出现在上半夜的西边夜空中；在位置5，太阳和月球的黄经差为180°，月球和太阳方向相反，一轮明月整夜可见，月相为望或称满月；在位置7的月相是下弦，黄经差是270°，这时的月亮只在下半夜出现于东边天空中。相邻两次朔或望之间的间隔被称

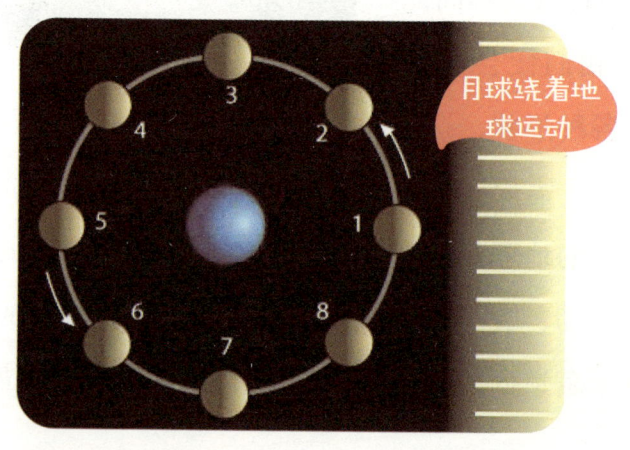

月球绕着地球运动

朔望月，长约 29.53059 日。

如何识别月相呢？假设满月是一个圆形，那么无论月相如何变化，它的上下两个顶点的连线都一定是这个圆形的直径。当我们看到的月相外边缘是接近 C 字母形状时，那么这时的月相则是望以前的月相，它的圆面一定是朝西边的，只有前半夜才能看到；相反，当我们看到的月相外边缘是接近反 C 字母形状时，那么这时的月相则是望以后的月相，它的圆面一定是朝东边的，只有后半夜才能看到。如果你的观测地点是在南半球，情况刚好与上面描述的相反。

值得一提的是，我国传统历法——农历，就汲取了月球运动规律，即月相变化的精髓。每个农历的月，都对应着一个月相变化的周期。初一时月相为新月，上弦则对应着初七、初八左右，满月一般发生在十五或十六。而现行公历中的"月"，完全是人为规定的时间单位，和天上这轮明月毫无关系。

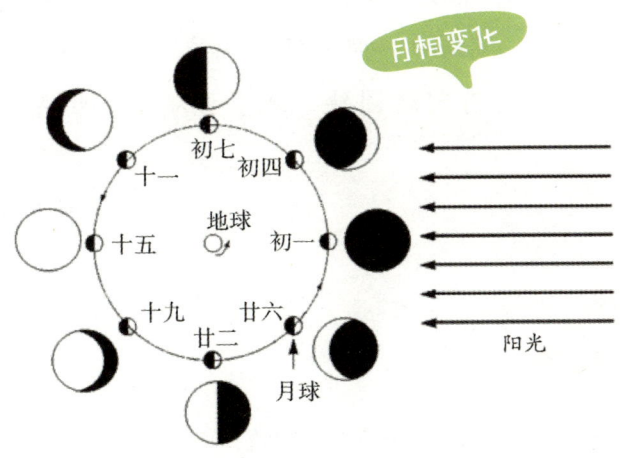

月相变化歌：

初一新月不可见，只缘身陷日地中。

初七初八上弦月，半轮圆月面朝西。

满月出在十五六，地球一肩挑日月。

二十二三下弦月，月面朝东下半夜。

（本文原载于人民网读书频道，有改动）

水调歌头

苏　轼

丙辰中秋，欢饮达旦，大醉，作此篇，兼怀子由。

　　明月几时有？把酒问青天。不知天上宫阙，今夕是何年。我欲乘风归去，又恐琼楼玉宇，高处不胜寒。起舞弄清影，何似在人间。　转朱阁，低绮户，照无眠。不应有恨，何事长向别时圆？人有悲欢离合，月有阴晴圆缺，此事古难全。但愿人长久，千里共婵娟。

义务教育教科书语文九年级节选

你还知道关于月球的哪些知识？

15 沙漠沙和河沙的区别

沙子，是世界上最普通的建筑材料。只要建筑高楼大厦就会用到沙子，但你有见过用沙漠之中的沙子吗？茫茫大漠中黄沙遍地却无人问津。这是为什么呢？

河里的沙和沙漠里的沙是不一样的，本质不一样，河里的沙是水冲刷的，而沙漠里的沙是风冲刷的，河沙和水泥等搅拌可以增加黏稠度，而沙漠里和海里的沙都是不能增加黏稠度的。

地球上的很多沙漠处在高大山脉的背后或者由山脉环绕的盆地之中。前者如美国落基山脉背后的内华达州沙漠，后者如中国的塔克拉玛干沙漠和位于准噶尔盆地的古尔班通古特沙漠。

内华达州沙漠

塔克拉玛干沙漠

这些沙漠沙子的来源有一个共同的特点——与附近或周围的高山密切相关。这些高大山脉的海拔均在 3 000 米以上，昼夜温差大，受"热胀冷缩"的影响，山上的岩石极易破碎，产生了大量的岩石碎屑。

如果海拔更高，也就是说岩体进入了冰冻圈，那么，由于冰川研磨作用的加入，岩石风化后的碎屑物质就产生得更多了。这些碎屑物质最终会被冰川融水或洪水、河流带出山脉，从而在山前形成大型的、扇状分布的岩石碎屑。

有些沙漠周围并无高山，但一样可以形成沙漠，例如中国内蒙古境内的科尔沁沙地。这些地区的沙子来源与地质时期的河流作用密切相关。

科尔沁沙地

如果一个地区处在地质时期形成的大型冲积平原上，而气候又恰好处在干旱区的话，那么在长期的风力作用下，组成冲积平原的物质也会发生分选，使越来越多的沙子汇聚地表，形成沙漠。

有些沙漠既不处在高大山脉的背后，也不处在地质时期的大型冲积平原上，那么这些沙漠的沙子又是从何而来的呢？我们知道，地质时期本身就存在一些主要由沙子组成的岩石，比如砂岩，砂岩物理风化后极易产生细粒的沙子。

中国的鄂尔多斯高原，就存在大范围的白垩纪的沙丘岩。有一种

知识小贴士

沙丘岩是指在热带、亚热带地区干、湿季交替明显的气候下，部分风成海岸沙丘被碳酸钙胶结而成的岩层。

观点认为，鄂尔多斯高原的毛乌素沙漠的沙子是由更早的白垩纪沙丘岩风化而来。

毛乌素沙漠

其次，地球表面的花岗岩也很容易风化产生沙子。如果一个地区的地表主要由砂岩等组成，加之地表为干旱环境的话，那么，在长期的岩石物理风化下，上述岩石会逐渐破碎，产生大量的沙子，也可以形成沙漠。

那么，沙漠里的沙子为什么不能用于建筑呢？有以下几项原因。

沙子含碱量高：沙漠里的沙子是在风吹日晒的干燥环境下，长期风化形成的，含碱量过高，使用中会与建筑材料中的一些物质产生化学反应，影响砂石混合物质量，从而影响建筑物的强度和安全，这也是最致命的一点。

有害物质含量高：沙漠里的沙子绝大部分都是原地风化的产

沙漠里的沙子

物，没有经过一个有害物质的过滤过程，所含的有害成分较多。相比来说，河沙是水流从远处搬运而沉积下来的，经过长期的清洗和冲蚀，其中所含的有害物质基本被清洗干净了。

沙子颗粒过细：建筑用沙通常使用粗沙或者中沙，这就是为什么很多时候沙子需要经过筛选，而沙漠里的沙子因为长时间风化，颗粒过于细小，不符合建筑用沙标准。

级配不好：沙漠中的沙子基本都是在原地风化而成，没有经过远距离搬运分选，各种不同的粒度相互掺杂，因此级配不好，同样不适合作建筑用沙。

（本文原载于今日临沂网，有改动）

 **课本联通**

"这不能。须大雪下了才好。我们沙地上，下了雪，我扫出一块空地来，用短棒支起一个大竹匾，撒下秕谷，看鸟雀来吃时，我远远地将缚在棒上的绳子只一拉，那鸟雀就罩在竹匾下了。什么都有：稻鸡，角鸡，鹁鸪，蓝背……"

义务教育教科书语文九年级节选

 **灵光乍现**

中国最著名的八大沙漠是哪些？

16 最早的 "洗衣粉"

　　著名的唐代诗人李白曾经写下著名的诗句："长安一片月，万户捣衣声。"诗中描写的是洗衣的场面。然而值得注意的是，古代没有洗衣粉，那么衣服脏了用什么来洗呢？下面就一起来了解一下吧。

　　洗衣是最基本的家务劳动之一，也曾经是体力消耗最大的家务劳动，所幸经过 4 000 多年的探索试验，人类终于找到了轻松的洗衣方式，即用洗衣机清洗。洗衣机被誉为历史上 100 个最伟大的发明之一，它不仅代表着现代工业革命的智慧成果，更使得千千万万的人从繁重的家务劳动中解脱出来。

🌱 早期洗衣是个力气活儿

　　人类很早就发现了衣服可以通过清水的洗涤变得重新干净起来。已知的有关洗衣的最古老的记录出现在埃及古墓的壁画上，时间大约在公元前 2 000 年。其中有一幅刻画了一群男人弯腰洗衣的情景：两个人在用力搓洗，两个人在折叠，而另外两个人在使劲拧干。这个时代的人们主要凭借一双手，利用河水的冲刷动力还有棍棒的击打力来洗衣物，足见此时洗衣是一项多么费时费力的体力劳动。

我国古代劳动人民洗衣多使用捣衣杵，又称捣衣砧，木质，形状和棒球棒相似，长约30厘米，靠捣衣杵击打衣服时的力量，用

埃及古墓的洗衣壁画

水把污垢带出来。因此我国古代洗衣服被称为"捣衣"。晋代曹毗的《夜听捣衣》一诗中就有记录。到了唐朝，关于"捣衣"的描述，广泛出现于文人骚客的诗句中，如李白《捣衣篇》："晓吹员管随落花，夜捣戎衣向明月。"又《子夜吴歌》之三："长安一片月，万户捣衣声。秋风吹不尽，总是玉关情。何日平胡虏，良人罢远征？"因为捣衣是缝制寒衣的前奏，那秋夜里清脆的砧声最能触动思妇的情怀，所以"捣衣"渐渐成了诗人吟咏的母题。而这种洗衣方式一直流传至上世纪，现在影视剧中仍然经常出现。

🍃 草木灰成为最早"洗衣粉"

传闻人们在祭祀或烧烤活动时，偶然发现沾上一些物质的器物更容易清洗，进而发现了清洁衣物的奥秘就是草木灰。

据记载，公元前 600 年，当时腓尼基人把山羊脂和草木灰混在一起造出了肥皂，他们发现了肥皂能削弱水的表面张力，使水更好地渗入织物分解污垢并让它漂浮到表面，最终被洗掉。

我国古代劳动人民也发现了草木灰可以用作洗涤剂。《礼记·内则篇》说："冠带垢，和灰清漱。"意思是系帽子的带子脏了，就和着草木灰洗。这是因为草木灰中的碳酸钾能去除油污。又据《考工记》记载，古人为使丝帛柔软洁白，将丝帛用草木灰水沾湿后，放入贝壳烧成的灰(古人称之为"蜃")，加水浸泡。这是因为草木灰水和贝壳灰可以发生反应，产生强碱——氢氧化钾。

草木灰

一般衣服上的脏物质以油类为主，大部分油类属于油脂，在碱性条件下，其水解程度加剧，生成易溶于水的高级脂肪酸盐和甘油。而草木灰的主要成分就是强碱弱酸盐，其水溶液由于碳酸根离子的水解而显碱性，因此能增加衣服上脏物质的水解程度，有效清洗衣服。

🍃 其他"洗衣粉"

在这一时期，除了草木灰，人们还使用动物油、植物油、皂角及碱盐等混搭的方式清洗衣物。汉代时人们已经知道用天然石碱洗涤衣物了。金代时人们在石碱中加入淀粉、香料，制成锭状出售。明末时，北京有了专门出售人造香碱的铺子。

此外，皂角也是一种重要的洗涤用品。皂角学名皂荚，十分坚韧，捣碎可以用来洗涤衣物。南宋时都城临安（今杭州）街市上有一种橘子大小、用皂荚粉做成的圆团，周密在《武林旧事》中记载它的名字为"肥皂团"。肥皂团放入水中，能发泡去污。后来，从西方传入的和它功效相似的洗涤剂，就也叫"肥皂"了。

那么，老辈人说的"胰子"又是怎么回事呢？南北朝时，贾思勰已经提到用猪胰去垢。唐代"药圣"孙思邈的《千金方》里有一个配方：用洗净的猪胰，研磨成粉状，加豆粉香料做成颗粒。这就是古代的胰子，也叫澡豆。后来人们又把胰子和香碱合在一起，做成汤圆大的团，如桂花胰子、玫瑰胰子。

（本文原载于多彩贵州网，作者武锐，有改动）

下午，他拣好了几件东西：两条长桌，四个椅子，一副香炉和烛台，一杆抬秤。他又要所有的草灰（我们这里煮饭是烧稻草的，那灰，可以做沙地的肥料），待我们启程的时候，他用船来载去。

义务教育教科书语文九年级节选

你知道草木灰除了能洗衣之外还有什么作用吗？

17 萤火虫的发光机制

夏天的夜晚，萤火虫在草地上低飞，提着一盏小小的明灯，殷勤地照着路人前进的道路。我们都知道萤火虫会发出碧莹莹的光，但是你知道它为什么会发光吗？它又是怎么发光的呢？想要知道答案的话，就一起往下看吧。

萤火虫的发光器官生长在腹部的末端，从外表看只是一层银灰色的透明薄膜，但实际上是储存萤光色素的地方。如果把这层薄膜揭开在放大镜

萤火虫

下观察，便可见到数以千计的发光细胞，再下面是反光层，在发光细胞周围密布着小气管和密密麻麻的纤细神经分支。发光细胞中的主要物质是荧光素和荧光酶。当萤火虫开始活动时，呼吸加快，体内会吸进大量氧气，氧气通过小气管进入发光细胞，荧光

素在细胞内与起着催化剂作用的荧光酶互相作用时，荧光素就会活化，产生生物氧化反应，导致萤火虫的腹下发出碧莹莹的光亮来。又由于萤火虫不同的呼吸节律，便形成时明时暗的"闪光信号"。人们经过研究，把其发光的过程，列为了一道简单的公式：

$$荧光素 + 氧气 \xrightarrow{荧光酶作用} 发出荧光$$

我们知道，萤火虫体内的荧光素并不是用之不竭的，然而它们却能不断地发光，这能量又是从何而来的呢？原来能量来自三磷酸腺苷（简称 ATP），它是一切生物体内供应能源的物质。萤火虫体内有了这种能源，不但能不间断地发光，而且亮度也较强。不过，只有发光结构还不能发光，还要有脑神经系统去调节支配。如果做个实验，将萤火虫的头部切除，那它发光的机制就会失去作用。

实际上，萤火虫的卵、幼虫、蛹都可以发光。不过，卵在刚产下时是不能发光的，只是临近孵化时，从卵壳外可见 2 个光点。有实验证明它是幼虫在卵壳内活动所致，因此，实际是已形成的幼虫所发出的光。幼虫腹部末端倒数第 2 节可见发光器，但仅能发两个光点，它从背面可见。化蛹 4～5 天后，蛹的腹部末端两侧各有一个可见光斑，但蛹都在泥沙做的茧室中，所以其发光并不可见。

萤火虫幼虫

萤火虫发光的效率非常高，几乎能将化学能全部转化为可见光，为现代电光源效率的几倍到几十倍。而且由于光源来自体内的化学物质，因此，萤火虫发出来的光虽亮但没有热量，也不产生磁场，人们称这种光为"冷光"。由于萤火虫的光不带辐射热，物理学家们认为这是非常理想的灯光。三十多年前，人们模拟了萤火虫发光的原理创造出一种日光灯（荧光灯）。

随着科学的发展，荧光的应用也越来越广泛。人们利用荧光检查食物中细菌的含量，在含有易爆性瓦斯的矿井中利用荧光灯照明，弹药库中的指示灯、水下作业的发光灯，用的也是荧光。美国的生物化学家根据萤火虫的发光原理和机制，提出了电子转移反应原理，它可以解释腐蚀现象、光合作用等，特别是激光器的开发利用，并因此荣获 1992 年的诺贝尔化学奖。

（本文原载于中国科普博览网）

课本联通

水边的芦叶里，飞着无数萤火虫。有时，它们几十只、几百只地聚集在一起，居然能把水面照亮，使杜小康能看见一只水鸟正浮在水面上。

义务教育教科书语文九年级节选

灵光乍现

大自然中还有哪些动物会发光？

18 不沾水的鸭子羽毛

我们常把全身湿透的狼狈样子形容为"落汤鸡"，就像一只掉到水里或者被雨淋过的鸡，湿漉漉的羽毛都紧贴在身体上。但奇怪的是，同为家禽，喜欢下水游泳的鸭子，却能做到下水后，全身羽毛还是那么干燥。这是为什么呢？下面就一起来了解一下这有趣的知识吧。

苏轼的诗句"竹外桃花三两枝，春江水暖鸭先知"描绘了早春江景的优美，而鸭子在春江水还未暖之时就迫不及待地下

鸭子戏水

水游泳了，可见它们是多么喜欢游泳。

鸭子是鸟纲鸭科水禽的统称，或称真鸭，有家鸭和野鸭两种。家鸭由野生绿头鸭和斑嘴鸭驯化而来，它是一种常见家禽，可以在水上和陆上生活，但不能在水中待太久。

见过鸭子在河中游泳的人，想必都看到过这样一个现象，那就是鸭子在河中游完泳上岸之后，它的羽毛却没有任何沾水的痕迹，还是干巴巴的。为什么会出现这种现象呢？难道鸭子的羽毛天生就有防水的功能吗？其实这是因为它们的羽毛有独特的结构和化学特性。

绿头鸭

斑嘴鸭

首先，鸭子羽毛中的正羽由羽轴和羽片构成，羽片由许多细长的羽枝构成，羽枝两侧又有密生成排的羽小枝，羽小枝上着生钩突或节结，使相邻的羽小枝互相勾结起来，构成坚实而具有弹性的羽片。若外力将羽小枝分离开，鸭子可借它的喙啄梳羽小枝使其再次勾结在一起。这样鸭子就有了一套很密实的外衣，起到了一定的防水效果。

其次，鸭子的尾端有一个尾脂腺，鸭子经常会用那又扁又大的嘴巴，啄取尾脂腺所分泌的油脂，在啄梳羽片时将这种油脂均匀地涂在全身的羽毛

绿头鸭

上，形成一层不易渗透的保护膜，这样鸭子密实的外衣就具有了防水性，再也不怕下水游泳会弄湿自己了。同时，这层保护膜能

够减少水的表面张力，减少水的黏附力和摩擦力，使鸭子能够更轻松地在水中游泳。

冬天鸭子能在水里游来游去，丝毫不觉得寒冷，也是因为鸭子羽毛上有一层油脂保护着它们浓密的羽毛，冰冷的湖水接触不到鸭子皮肤。同时，鸭子身体所发出的热量，被一层厚厚的羽毛包住，能防止热量的散发，所以鸭子不怕冷。

此外，鸭子的羽毛还具有一种形态改变的能力，被称为"羽毛扇弯缺"。在这种情况下，羽毛中的某些毛细血管会扩张，造成一些裂隙。这些裂隙能够让水流动更加顺畅，同时也能够减少水的阻力。这种扇弯缺结构能够让鸭子在水中更加轻松地游泳，而且羽毛能够更加快速地干燥。

鸭们也长大了，长成了真正的鸭。它们的羽毛开始变得鲜亮，并且变得稠密，一滴水也不能泼进了。公鸭们变得更加漂亮，深浅不一样的蓝羽、紫羽，在阳光下犹如软缎一样闪闪发光。

义务教育教科书语文九年级节选

灵光乍现

大自然真的很神奇，除了鸭子的羽毛不沾水外，荷叶的叶面也不沾水，你知道其中的原因吗？

19 人类万年照明史

在爱迪生发明白炽灯以前，人类的照明工具就已经经历过了多次变革，从火把到蜡烛，再到煤油灯、电弧灯。白炽灯出现以后，又陆续发展到现在琳琅满目的日光灯、节能灯、装饰灯、景观灯、取暖灯、导航灯、指示灯、信号灯、小夜灯、消毒灯等，可以说，一部照明史正是人类文明发展的见证。

光一直是人们生活中不可缺少的存在，伴随着人类度过了数千年的漫漫长夜。

大约在 6 000 余年前的燧人氏时代，人类还处于蒙昧阶段，燧人氏偶然发现啄木鸟用尖长的嘴在树木身上的小窟窿里找虫子吃，由于虫钻得深，啄木鸟嘴巴够不上，只好用尖硬的嘴去钻，不料却钻出火种。燧人氏受到这个启发后，人类钻木取火就此开始了。

钻木取火

自钻木取火以来，人类经历了动物油灯、植物油灯、煤油灯、蜡烛的照明时代，直到 1808 年，英国科学家戴维发明了电弧灯，自此人类便开始迈进了电气照明的时代。

🌱 最早普遍使用的照明：油灯

铜油灯

煤油灯

在电灯问世之前的相当长的一段时间里，人类普遍使用油灯照明，在这期间，油灯用油从动物油改为植物油，最后又被煤油取代了。灯芯也经历了草、棉线、多股棉线的变化过程。

油灯为电灯普及之前的主要照明工具，但它有浓烈的黑烟和刺鼻的臭味，并且要经常添加燃料，很容易引起火灾。

🌱 电气照明的时代：电弧灯

1808 年，英国科学家戴维在用碳棒做电流的热效应实验时，两根碳棒的无意碰撞，闪出一道极强的白光，于是他反复试验下

电弧灯

去，便制成了电弧灯，又称为"灯烛"。但因其耗电极大、寿命太短，没多久便退出了历史的舞台。

爱迪生与白炽灯

之后便是我们所熟悉的爱迪生与白炽灯的时代了。1882 年，爱迪生在纽约建立了第一个发电站，使得白炽灯真正在社会中

白炽灯

普及。早期白炽灯的灯丝以竹丝为材料，后来爱迪生又用化学纤维来代替竹丝，灯泡质量也随之有了一定提高。

直到 20 世纪初，将钨丝引进白炽灯以后，白炽灯在同煤油灯、煤气灯等各种灯的竞争中才取得了决定性的胜利。钨丝的应用有力促进了电照明工业的发展，且一直沿用至今。

但是目前来说，白炽灯若要作为大型房间或大范围的空间照明器材，还无法满足人类的需求。

荧光灯

荧光灯可以说是非常重要的发明，现在全世界的夜间室内照明绝大多数都是采用荧光灯。荧光灯管比起传统的灯泡，具有使用寿命长、发光效率高、光照面积大、可调整成不同光色等几项

优点，满足了人类绝大多数场合的需求。

荧光灯

回顾灯的变迁，照明经历了从火、油到电的发展历程，可以说一部照明史正是人类文明发展的见证。

当前，现代照明不仅向节能环保发展，而且还向智能控制迈进，智能控制灯具是现代社会发展的需要，它极大地节约了能源，方便了人们的生活。智能照明是当今照明产品设计发展的主要趋势。

（本文原载于百度百家号，作者情怀情调，有改动）

课本联通

有人说：年纪太小，不能创造，见着幼年研究生之名而哈哈大笑。但是当你把莫扎尔特、爱迪生及冲破父亲数学层层封锁之帕斯加尔的幼年研究生活翻给他看，他又只好哑口无言了。

义务教育教科书语文九年级节选

灵光乍现

照明史的演变可以说是人类文明发展的见证，你还知道哪些物件的演变历史吗？

20 树木年轮的真面目

如果将一棵树的树干拦腰锯断，在它的横截面上就呈现出一幅明暗相间的同心图案，这就是年轮。近代科学研究已揭示出在年轮那奇特的图案中，隐含着自然界千变万化的大量信息，其中就包括丰富的地理知识。

树木年轮是什么？它长什么样？

年轮指的是树木由于周期性季节生长速度不同，而在木质部横截面上形成的肉眼可分辨的层层同心轮状结构。

树木年轮是在树木茎干的韧皮部里的一圈形成层。当我们把树干打横锯开，会露出一个横截面，这个面上布满的一个个同心圆环，就是年轮了。我们可以数环数找出树龄，每一环代表一年。

树木年轮是怎么形成的？

年轮图案同气温、气压、降水量有一定的关系，即跟季节交替有很大关系。

每年春季，天气温
和，雨量充沛，树木生长
很快，形成的细胞体积
大，数量多，细胞壁较
薄，材质疏松，颜色较
浅，称为早材或春材；

第一年轮
雨季生长
旱季成长
森林大火
留下的疤痕
春季和初夏生长
夏末秋季生长

树木年轮
示意图

秋天到冬天这段时间内，气温渐凉，雨量稀少，树木生长缓慢，
形成的细胞体积小，数量少，细胞壁较厚，材质紧密，颜色较
深，称为晚材或秋材。

所以，植物在春夏之间成长的部分往往比较柔软，而且较宽
厚；在秋冬之间生长的部分较窄而硬。同一年的春材和秋材合称
为年轮。第一年的秋材和第二年的春材之间，界限分明，成为年
轮线。因此从主干基部年轮的数目，就可以了解这棵树的年龄。

树木的年轮一定就是一年一个圈吗？

当然，并不是所有的
树木都是一年一个圈的，
有些树木的年轮就不符合
这种规律，我们称之为
"假年轮"。为什么有的
树木不是一年一个圈呢？

树的横截面

这是因为树木的生长周期是不一样的，有的树木生长周期短，一
年能够有节奏地生长三次甚至多次，会形成三个或多个年轮，但

是我们不能将其当作三年来计算。

由此可知，并不是所有的树木都可以通过数年轮的方法来测知其年龄。事实上，只有温带的树木，因为有着正常的生长周期，加上气候季节性变化比较明显，年轮比较显著，才可以用这种方式来测知其年龄。热带地区的树木，因为气候季节性变化不明显，形成层所产生的细胞差异并不大，所以年轮往往并不明显。要推算它们的年龄当然就更加困难了。

🍃 树木年轮被科学家用来干什么？

气候变化是当今世界的热门话题。要提高对气候变化规律的认识，必须对过去的气候变化有充分的认识和了

树木

解。然而，现代气象观测资料的年代有限，想要获得更长时间尺度的气候变化信息，就需要使用各种气候代用资料，以重建历史时期的气候变化。而树木年轮（简称树轮）因其具有空间分布广、易于采样、时间序列长、定年精确、时间分辨率高等优点，是当前应用最为广泛的方法。

树木生长的快慢与气候因子之间存在密切的联系，树轮不仅在宽度上逐年有变化，而且密度亦有显著差异，因此不但可以根据树轮推断气候要素的年际变化，还可以了解季节变化、气候事

件发生的早晚和持续时间等。年轮同位素分析也逐渐成为年轮学研究的重要途径之一。

它通过研究树轮的木质部 C、H、O（碳、氢、氧）稳定可测的同位素比值，探索气温、降水、湿度等气候和环境因子的变化，可以提供过去气候和环境变化的丰富信息。

此外，科学家还利用树轮灰度、树轮细胞形态、树轮化学元素含量等提取更为丰富和精细的环境信息，重建过去的历史事件，其可重建的范围非常广泛，包括河流径流量变化、极端水文事件、冰川进退、湖泊水位变化、森林演替和更新、林木生长量和植被覆盖变化、厄尔尼诺－南方涛动指数、二氧化碳浓度、环境污染、低温年、火山喷发、地震、森林火灾、病虫害、太阳活动、陨石撞击等。

从目前研究深度来看，已由初期的对树轮宽度、密度和灰度等的树木年轮物理

知识小贴土

厄尔尼诺/拉尼娜是一种海洋异常现象，随其带来的大气变化称为南方涛动，我们通常把它们放到一起研究，即为厄尔尼诺与南方涛动。

而南方涛动指数是科学家根据沃克的南方涛动理论，选取塔希提站代表东南太平洋，选取达尔文站代表印度洋与西太平洋，应用数理统计的方法将两个观测站的海平面气压差值进行处理后得到的一个用于衡量南方涛动强弱的指数，称为南方涛动指数，用 SOI 来表示。这个指数有效地反映了太平洋东西两侧气压增强和减弱的演变情况。

特征的分析发展到了对树轮稳定同位素、化学组分的树轮化学特征的研究以及树木解剖结构、树轮细胞和分子尺度的研究，由经验性分析转向机理性研究，同时注重气象学、植物学、化学及环境学等学科知识的综合运用，有助于提取记录在树轮内部的更详细的环境信息，从而为气候变化的研究提供更多的依据。

（本文原载于搜狐网，作者大自然保护协会TNC，有改动）

罗丹说："恶是枯干。"汗干了，血干了，热情干了，僵了，死了，死人才无意于创造。只要有一滴汗，一滴血，一滴热情，便是创造之神所爱住的行宫，就能开创造之花，结创造之果，繁殖创造之森林。

义务教育教科书语文九年级节选

读了上文，你会发现常见的树木中竟然也能蕴含如此丰富的知识，你还知道哪些生活中的事物上蕴含有丰富的知识吗？

21 古代科举制如何选拔人才？

科举制度是中国古代通过考试选拔官吏的制度，对我国的政治、经济、文化和教育等诸多方面都产生过极大影响。然而对于这一项制度，后人的评价却褒贬不一。在人才选拔制度的视野里，我们应全面、客观地审视这项制度，综合其利弊得失，古为今用。那么，古代的科举制度是如何选拔人才为朝廷所用的呢？请带着问题阅读本文章，相信你会有所收获。

说到科举制度，有两个简单的问题：第一，科举制度究竟是一种选拔什么人才的制度？第二，科举制度是否只选拔人才？这两个问题听起来简单，但也正是在简单的问题上，我们对科举制度存在较深的误解，并给它贴上了许多负面标签。

先讲第一个问题，科举制度究竟是选拔什么人才的制度？简单来说，它是选拔国家管理人员而非专业人才的制度。正因为培养的不是专业人才，所以在选拔数量、人才选拔方式和人才去向等一系列问题上，都和专业人才的选拔培养有很大不同。下面我们从几个方面来谈这个问题。

考试性质	考试名称	考试地点	考官	考过的称号
预备赛	县试	县里	知县	童生
	府试	府里（地级市）	知府	童生
	院试	府里	学政	生员（秀才）
正式考试	乡试	贡院	巡抚	举人、第一名解元
	会试	京城	礼部	贡士、第一名会元
	殿试	紫禁城保和殿	皇帝	进士第一甲：状元，榜眼，探花 第二甲：赐进士出身 第三甲：赐同进士出身

🍃 科举制度下每年所选拔的人才数量

　　说到科举制度每年选拔的人才数量，我们很容易想到，以前每年高考刚结束不久，报纸上就会连篇累牍地报道，某省、某市文科和理科状元是谁，北京大学录取了多少状元，清华大学录取了多少状元等。

　　然而，这样的报道是把中国古代的"状元"贬到了一个很不像样的程度。因为中国古代的状元，每届全国只有一个，也就是三年只有一个。但我们现在每年有多少状元呢？由此我们可以提到另外一个数字：延续了两百多年的明朝，录取的进士是多少？按照明朝基本数据，每三年约300个进士，即平均每年大约是100个。

为什么只录100个？因为只有100个职位。既然给了他进士的头衔，就必须给他一个相应的位置。这是第一个问题，即进士录取的数量。看到这个数量后，就可以对比我们每年博士和硕士的录取数量。

聊斋先生蒲松龄曾连续四次参加举人考试而全部落榜，直到72岁赴青州补为贡生。

第二个问题与录取国家管理人员相关，涉及录取的方针政策等需要注意的问题。

首先必须照顾到各个不同的地域。在进士的录取中，不完全根据成绩来录取。如果仅仅根据成绩，会造成这样一个问题：像在明

参加科举考试想象图

代，中央和省级领导可能由江苏和浙江这两个省占据了80%左右，那么长江中下游地区就有可能垄断了整个国家的权力。这样造成的后果是，非长江流域的人会以为这个权力代表的不是国家，而只是这个小地方。我们现在经常看到全国人大常委会的副委员长或是全国政协的副主席里，一定有好几个少数民族。这是一定要照顾到的，否则就表明这个国家的权力没有代表性。没有代表性就可能造成国家动荡的后果。

除这点外，科举考试所选拔的人员都是做官的。国家对做官的去向也有明确规定：所有做官的人都不能在自己的原籍做官。

这一点和专业人员的任职是不一样的，专业人员并不在乎你是不是在原籍。在明朝和清朝，这个规定是严格加以执行的。比方说，你是湖北人，做官的时候一定要尽量离湖北远一些，目的就是不让国家资源成为被你个人利用的资源，以便让权力可以稍稍公正一些。

另外，那些为国家做出了重要贡献的人，他们的后代能不能享受特殊优待？优待到什么程度？这一点在过去有一个专门术语，叫"封妻荫子"。因为你对国家做出了重要贡献，所以国家要给你回报。这个方式一是提拔你本人，另外是让你的后代获得更多的机会。当一个人的地位到了很高的时候，他其实更希望这个好处落到后代身上。这些好处能够给到什么程度呢？在明朝，一般的惯例是：如果你的级别很高，可以有一个儿子或孙子，直接做某一级别的官员；若这个孩子还没有到做官的年龄，他可以不经过考试到国子监去读书，等到了一定年龄，直接做某一级别的官员。

但在这里，明朝做了一个严格限定："封妻荫子"的数量和级别都是加以限制的。这是为了防止权力集中在极少数人手上。由此我们得出一个结论，如果一个人确实对国家做出了贡献，国家给他回报也是可以理解的。

🍃 科举制度是否只选拔人才？

科举制度的功能，一方面是选拔人才，另一方面也可能是同等重要的方面，那就是要淘汰人才。

为什么要淘汰人才？因为社会实际上不需要这么多人才。在这种情况下，就必然有另外一部分人才找不到用武之地。用什么样的方式淘汰他们才是最合理的方式？这是摆在很多制度和权力机构之间的一个非常大的难题。

在中国古代，有很多文人也经常感慨这个问题。韩愈的《马说》感慨道："千里马常有，而伯乐不常有。"这实际上暗含了一个道理：千里马数量很多，但被挖掘出来的、真正有机会发挥才能的，其实很少。

欧阳修写过一篇文章，叫《释秘演诗集序》，其中说道："国家臣一四海，休兵革，养息天下以无事者四十年，而智谋雄伟非常之士，无所用其能者，往往伏而不出，山林屠贩，必有老死而世莫见者，欲从而求之不可得。"作者讲述他的朋友石曼卿、秘演皆有奇才气节，却至死或至老不为世所用。

贡院放榜图

假如你是适合这个时代的人才，是否就一定有机会？王安石在给他的朋友写的墓志铭中说，我们都知道你是一个人才，你也确实在这个方面有本事，而且很多人推荐你，你也想来做官，也没有人压制你，为什么你这辈子就混了个这么低的级别呢？王安石说，这个问题我没有找到答案。其实他不是没有答案，只是不想说出来。

实际上在任何一个时代，就算你是适合于这个时代的人才类型，也不一定就能够找到机会，因为社会需要的人才数量是相当有限的。既然每个社会都必然有一部分人才会怀才不遇，用什么方式才能尽量减少副作用呢？人才没有得到重用，对个人来说是难以承受的事实；而对社会来说，就必须用一个合适的方式，让人才即使在心理上依然有愤愤不平的情绪，也能够不和社会形成对抗心理。

这就是我们在考察科举制度的时候，得出的可以赞美它的理由：它在淘汰人才的时候，可以相应地把副作用减少到较小的程度。

所以，我们从科举制度必然会淘汰人才的角度看，在减少人才被淘汰的副作用上是最好的。因为别的方式，人才在被淘汰之后都有一个明确的憎恨对象，最后他会把这种憎恨转移到国家上。当很多有能力的人把某种憎恨转为对国家的憎恨时，国家就面临着很多威胁。而科举制度可以把这个威

高中状元
想象图

胁减少到最低程度。因此可以说，从宋代开始，虽然每一个王朝最终都灭亡了，但不是读书人使它灭亡的，读书人并没有把这种怨恨转移到国家层面上。

（本文原载于腾讯教育新闻网，有改动）

到出榜那日，家里没有早饭米，母亲吩咐范进道："我有一只生蛋的母鸡，你快拿集上去卖了，买几升米来煮餐粥吃，我已是饿的两眼都看不见了。"范进慌忙抱了鸡，走出门去。才去不到两个时候，只听得一片声的锣响，三匹马闯将来。那三个人下了马，把马拴在茅草棚上，一片声叫道："快请范老爷出来，恭喜高中了！"母亲不知是甚事，吓得躲在屋里；听见中了，方敢伸出头来说道："诸位请坐，小儿方才出去了。"那些报录人道："原来是老太太。"本家簇拥着要喜钱。正在吵闹，又是几匹马，二报、三报到了，挤了一屋的人，茅草棚地下都坐满了。邻居都来了，挤着看。老太太没奈何，只得央及一个邻居去寻她儿子。

义务教育教科书语文九年级节选

有人说，高考是"当代科举"，你怎么看待这种观点呢？
你认为有什么更好的选拔人才的方法吗？

22 春蚕吐完丝后就死了吗？

"春蚕到死丝方尽，蜡炬成灰泪始干"，这句流芳千古的诗句出自李商隐的《无题》。想必我们对这句诗都不陌生，现在我们用这句诗比喻无私奉献的精神。但是，真如李商隐写的那样，春蚕吐完丝后就死了吗？

🍃 首先，蚕为什么会吐丝呢？

蚕之所以要吐丝，源头上，是因为在幼虫阶段，吃下了大量桑叶。桑叶本身含有各种氨基酸。蚕体内的氨基酸过多，会让蚕中毒。所以，蚕吐丝，是自我解毒的一种方式。

如果说排解氨基酸是蚕为了避免来自内部的毒害，那么把丝吐成一个圈将自己包围则是为了避免来自外部的毒害。

蚕作为一个完全变态（不同生命阶段有不同的形态）动物，在变态的关键阶

蚕吐丝

完全变态发育是昆虫变态的两种类型之一。昆虫在个体发育中，只经过卵、若虫和成虫3个时期的叫作不完全变态；而经过卵、幼虫、蛹和成虫4个时期的叫完全变态。完全变态的幼虫与成虫在形态构造和生活习性上明显不同。

段都非常脆弱。这就跟天山童姥等武学高人在闭关修炼时脆弱、犬夜叉在月圆之夜变弱类似。这个时候，蚕吐丝结茧，将自身包裹在致密的茧壳当中，既可以躲避天敌保护自己，又可以放心地在蚕茧里变成蚕蛹，并让蚕蛹体内的器官转变成蚕蛾的形态，最终羽化成蚕蛾。

🍃 其次，蚕是怎么吐丝的？

蚕能吐丝，其根本是依赖于体内的"丝腺体"。丝腺体的构造，完全不亚于现在任何高科技的精密仪器。

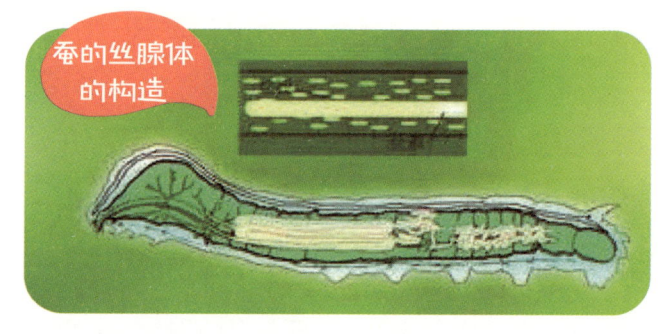

蚕的丝腺体的构造

丝腺体连接着头部下面叫作挤压器的吐丝泡，由这两个基本部件组成一台"天然纺织机"。一只成熟幼虫的身体内，有两列细胞组成的丝腺体，它要比身体长5倍，并且与贮藏丝液的袋状囊相通。头上的挤压器与周围的肌肉连接着，蚕吐丝时，头上的肌肉不停地伸缩，将丝腺体中的丝液抽压出来，丝液与空气接触后，便形成细长的丝。

所以，蚕吐出来的，并不是丝线，而是丝液。丝液从蚕体内出来后，与空气接触才变成丝的。

🌱 最后，一只蚕能吐多少丝呢？

蚕吐丝的过程，可谓千辛万苦。

蚕吐丝结茧时，头时而抬高，时而垂下，并不停地左右摆动着。用放大镜仔细观察，蚕作茧的丝，是一个个排列得很整齐的"8"字形丝围。每20多个丝围叫作一个丝列。当茧的一头织好后，它会180°大转弯，开始织茧的另一头。因此，家蚕的茧子都是两头稍粗，中间稍细，像花生。

蚕每结好一枚茧，需要转换250～500次位置，编织约6万个"8"字形丝围。一般来说，野外自然生长的桑蚕能吐丝100～200米长；家养的话，一只蚕至少能吐丝1 000米，高的可以达到1 500米。

现在回到最初的问题，"春蚕到死丝方尽"是真的吗？如果从蚕的幼虫这个阶段而言是。但如果是从蚕的一生来说，丝尽之

蚕吐丝结茧

蚕蛹

时，不过是换了一种形态继续生活，变成蛹而已。那么也就没有到死这么一说了。

（本文原载于新浪博客，作者宝桑园 bosun，有改动）

课本联通

无 题

李商隐

相见时难别亦难，东风无力百花残。

春蚕到死丝方尽，蜡炬成灰泪始干。

晓镜但愁云鬓改，夜吟应觉月光寒。

蓬山此去无多路，青鸟殷勤为探看。

义务教育教科书语文九年级节选

灵光乍现

有哪些动物和蚕一样是完全变态动物？

23 为什么花有各种颜色?

千百年来，尤其是诗词文化昌盛的唐宋两朝，文人墨客用诗词描述花色美丽、花姿诸态的记载，真可谓不胜枚举。在生活中，我们也可以看到各种花色的花朵，那么你知道这些花朵都是怎样形成的吗？为什么花会有各种各样的颜色呢？

🌸 花朵是个什么存在?

植物的花朵差不多是世界上最奇妙无比的结构，它是孕育植物后代最重要的器官。生物学上认为，只有被子植物才会拥有真正意义上的花。这样一来，像银杏、苏铁、红豆杉等裸子植物，以及像蕨类植物、苔藓植物，实际上并没有真正意义上的花了。

桃花

花，从形态学上来说，就是一根节间无限缩短的变态枝条。

换言之，从发育学上来看，花的各个组成部分，如花萼、花瓣、雄蕊以及雌蕊，其实都是变态的枝条。

实际上，更详细的解剖学的结果也证实了这一点。横切花瓣形成的切面，在显微镜的放大作用下，可以见到和叶片横切面非常类似的结构。在花萼、雄蕊、雌蕊的切面也能见到类似的解剖结构。

🍃 花儿的花色为何变化万千呢？

自然界的花儿不仅形态各异，颜色更是五彩缤纷，那么，鲜花为什么会有各种颜色呢？

原来，花瓣中含有各种色素，正是因为这些色素，才形成了花儿的五颜六色。

造就花儿色泽最主要的色素，叫作"花青素"，它分布在细胞的液泡内，控制花的粉红色、红色、紫色及蓝色等颜色变化。花青素很调皮，在不同的环境下，会形成不同的颜色。在酸性溶液中，它呈现红色，酸性愈强，颜色愈红，比如一串红等。在碱性溶液中，它呈现蓝色，碱性较强，会变成蓝黑色，如墨菊、黑牡丹等。而当它处于中性环境的时候，则是紫色，比如桔梗花等。

一串红

墨菊

桔梗花

更为神奇的是有些花的颜色可以一日三变，比如牵牛花的花瓣在清晨是粉红色，之后变成紫红，最后变成蓝色。究其原因，也是花瓣表皮细胞的液泡内 pH 值产生了变化，花青素随之变化而导致花色也发生变化。

牵牛花花色一日三变

花青素虽然神通广大，但花的颜色并不全由它来控制，而是由广泛存在于花瓣中的另一类色素——类胡萝卜素来协同控制。这种色素"色如其名"，呈现出的色彩类似胡萝卜的颜色。目前已发现的类胡萝卜素有 600 多种以上，不同种类的类胡萝卜素能使花显出黄色、橙黄色、橙红色等。比如，黄色的迎春花花瓣内色素的主要成分就有类胡萝卜素。

此外，影响花朵颜色的色素还有类黄酮、醌类色素、甜菜色素等。花儿万紫千红、五彩缤纷的主要原因是不同植物花朵内的色素成分和比例不同。

迎春花

至于白花，那是因为细胞液里不含色素的原因。而绿色花，则是含有叶绿素的缘故。

由此看来，花朵内的色素对花色的形成起了关键性的作用，不过，色素并不是影响花色的唯一因素。花瓣组织结构的差异会影响对光的折射、反射，从而影响花朵颜色。同时生态因子也会影响花色，如光照、温度、湿度、土壤养分含量，会影响花瓣细胞的 pH 值，酶、糖含量，花青素的稳定性等，影响花色素的合成或者导致有些花色素的分子结构改变，最终造成花瓣呈现出不同的颜色。

（本文原载于中国科学院武汉植物园网，有改动）

行香子

秦 观

树绕村庄，水满陂塘。倚东风，豪兴徜徉。小园几许，收尽春光。有桃花红，李花白，菜花黄。　远远围墙，隐隐茅堂。飏青旗，流水桥旁。偶然乘兴，步过东冈。正莺儿啼，燕儿舞，蝶儿忙。

义务教育教科书语文九年级节选

根据花的构造状况，花分为完全花和不完全花两类。你知道什么叫完全花，什么叫不完全花吗？请你去查找资料了解一下吧。